ÉLÉMENTS DE STATIQUE,

A L'USAGE DES LYCÉES,

PAR L. POINSOT,

INSPECTEUR-GÉNÉRAL DE L'UNIVERSITÉ IMPÉRIALE,
ET PROFESSEUR A L'ÉCOLE POLYTECHNIQUE.

NOUVELLE ÉDITION,

Augmentée d'un MÉMOIRE sur la composition des Moments et des Aires.

PARIS,

CHEZ VOLLAND, L'AINÉ ET LE JEUNE, LIBRAIRES, QUAI DES AUGUSTINS, n° 17.

1811.

ÉLÉMENTS
DE STATIQUE.

TABLE DES MATIÈRES.

N. B. On a marqué d'une étoile les principaux articles qui ne sont pas exigés pour l'admission à l'École Polytechnique.

PRÉLIMINAIRE, page 1
CHAPITRE Ier, SECT. Ire. Composition et décomposition des forces, 13
Composition des forces qui agissent suivant des directions parallèles, 18
Composition des forces dont les directions concourent en un même point, 31
SECT. II. Composition et décomposition des couples, 43
Transformation des couples ; leur mesure, 48
Composition des couples situés dans un même plan, ou dans des plans parallèles, 52
Composition des couples situés dans des plans quelconques, 54
Manière plus simple d'exprimer les Théorèmes qui concernent la composition des couples, 59
Conclusion générale de ce Chapitre, 65
Composition des forces dirigées comme on voudra dans l'espace, ibid.

Corollaire qui contient les lois de l'équilibre de tout système libre invariable de figure, 67

Corollaire qui contient les conditions nécessaires pour que des forces situées d'une manière quelconque dans l'espace aient une résultante unique, 68

Remarques, 71—72

CHAP. II. Des conditions de l'équilibre, 74

De l'équilibre des forces parallèles qui sont situées dans un même plan, 75

De l'équilibre des forces parallèles qui agissent sur différents points d'un corps dans l'espace, 82

Du centre des forces parallèles, 87

De l'équilibre des forces qui agissent dans un même plan suivant des directions quelconques, 89

* *Manière plus simple de présenter les conditions précédentes,* 94

* *Des conditions de l'équilibre entre tant de forces que l'on voudra, dirigées d'une manière quelconque dans l'espace,* 103

* *Recherche de la résultante de toutes ces forces, lorsqu'elles ne sont pas en équilibre,* 116

* *Équation de condition pour qu'elles soient susceptibles de se réduire à une seule,* 118

* *Dans le cas général, réduction de toutes les*

forces à une seule passant par un point donné, et à un couple unique ; détermination de cette résultante, et de ce couple résultant, 121

* Équation qui exprime directement que la résultante est parallèle au plan du couple résultant, et que par conséquent il doit y avoir en général une résultante unique, 122
* Remarque à ce sujet, 124
* Équations nécessaires pour que des forces aient une résultante unique qui passe en un point donné, 127
* Manière d'estimer des forces quelconques suivant une direction donnée, ou leurs momens par rapport à un axe donné, lorsqu'on connoît déjà ces forces et leurs momens estimés à l'égard de trois axes rectangulaires, 127
* Des conditions de l'équilibre *lorsque le corps ou système sur lequel les forces agissent, n'est pas entièrement libre dans l'espace, mais se trouve gêné par des obstacles*, 131
* De l'équilibre d'un corps qui n'a que la liberté de tourner en tous sens autour d'un point fixe, 132
* De la pression exercée par les forces sur le point fixe, 135
* De l'équilibre d'un corps qui n'a que la liberté de tourner autour de la ligne qui joint deux points fixes. 136

TABLE DES MATIÈRES.

De l'équilibre d'un corps qui s'appuie contre un plan inébranlable, 142

CHAP. III. Des centres de gravité, 155

Des centres de gravité des figures, 170

Du centre de gravité du triangle, 174

Du centre de gravité de la pyramide, 180

Propriétés remarquables du centre de gravité, 191

CHAP. IV. Des Machines, 199

Du Levier, 203

De la charge du point d'appui, 205

De la Balance, 214

De la Poulie, 216

Du Tour, 219

Des pressions exercées sur les appuis, 222

Du Plan incliné, 225

De la pression exercée sur le plan, 228

De la Vis, 242

Du Coin, 249

De quelques Machines composées, 251

Des Cordes, 253

Des Poulies et des Moufles, 262

Des Roues dentées, 267

Du Cric, 268

De la Vis sans fin, 269

Mémoire sur la composition des moments et des aires, I

FIN DE LA TABLE.

Nous avons fait peu de changements à cette nouvelle édition ; mais, pour mettre la théorie des couples dans un plus grand jour, nous avons cru devoir y ajouter le Mémoire que nous avons publié en 1804, sur les Moments et sur les Aires, et qui a été imprimé dans le tome VI du Journal de l'École Polytechnique. Quoiqu'une partie des théorèmes donnés dans ce Mémoire ait déjà passé dans plusieurs livres imprimés depuis sur la science de l'équilibre*, on ne sera pas fâché de les retrouver ici par cette méthode simple et rapide qui nous y a fait parvenir. On aura lieu de s'y convaincre que la considération des couples n'est pas celle d'un cas singulier, mais d'un élément essentiel qui manquait à la mécanique ; que les couples en effet ne sont autre chose que les moments eux-mêmes, mais rendus sensibles et présentés comme des forces particulières dont les moments étaient la mesure ; que par conséquent la considération de ces forces doit rester dans la statique, tant qu'on y fera usage de la

* Voyez entre autres les excellentes leçons de mécanique analytique de M. de Prony.

théorie des moments. On voit bien d'ailleurs que, dans la dynamique, la composition des couples doit répondre à la composition des mouvements de rotation, comme la composition des forces répond à celle des mouvements de translation; et, puisqu'il nous est impossible de nous faire l'idée du mouvement d'un corps, sans nous représenter à la fois la translation de l'un de ses points dans l'espace et la rotation simultanée du corps autour de ce centre mobile, il en résulte que le parallélogramme des forces et le parallélogramme des couples sont deux principes inséparables dans l'analyse complète du mouvement d'un corps de grandeur sensible, et que ces deux principes sont également tirés de la nature même des choses. Enfin l'on pourra voir combien la méthode des couples est facile et supérieure à l'ancienne, si l'on observe qu'elle nous donne sur-le-champ toutes les propriétés de l'équilibre, les théorèmes d'Euler sur la somme des moments d'un système de forces, la détermination de l'axe instantanée de rotation, le *plan invariable* des Aires de M. Laplace, et qu'elle nous a mis en état de compléter cette partie de la mécanique par les théorèmes nouveaux qui regardent ce que nous avons nommé l'*axe central* des moments, et le plan unique de l'aire *minimum* entre l'infinité des aires *maxima* considérés par rapport à tous les foyers possibles de l'espace.

Voilà ce que nous avions à dire de la théorie des couples, et de l'addition considérable qui s'y rapporte. Quant à la *Statique*, il est inutile d'entrer dans beaucoup de détails sur l'objet et sur le dessein de cet ouvrage. Le *préliminaire* montre assez le but qu'on se propose, et la route qui doit y conduire. Le chapitre Ier établit en conséquence toute la suite des théorèmes dont on a besoin pour la réduction générale des forces et pour les lois de leur équilibre. Le chapitre II apprend à exprimer ces lois par des équations, et les chapitres III et IV en font voir les applications les plus simples à la recherche des centres de gravité et à l'équilibre des machines.

On a tâché de rendre par-tout bien sensible l'enchaînement des diverses propositions; et l'on croit devoir ajouter, pour quelques personnes, que si, au commencement du premier chapitre, on conserve toujours l'ordre des théorèmes relatifs à la composition des forces, c'est qu'au fond cet ordre est le plus naturel et le plus simple. On peut prouver même que la composition de deux forces obliques présente une difficulté de plus que la composition de deux forces parallèles; et voilà pourquoi la loi du levier a été connue des plus anciens géomètres, tandis que le parallélogramme des forces ne remonte guère qu'à Galilée. Au reste, il y a une telle liaison entre ces deux théorèmes, que l'un est une conséquence nécessaire de l'autre, et qu'il y aurait peu d'inconvénient à les placer dans l'ordre inverse : mais alors il faudrait une démonstration très-simple du parallélogramme des forces, et l'on ne pourrait faire rien de mieux que d'employer celle qu'en a donnée M. Duchayla, et qui est aussi claire et aussi élégante que le théorème qui en est l'objet.

ÉLÉMENTS DE STATIQUE.

PRÉLIMINAIRE.

I.

1. L'IDÉE que nous avons des corps est telle, que nous ne supposons pas qu'ils aient besoin de mouvement pour exister. Ainsi, quoiqu'il n'y ait peut-être pas dans l'univers une seule molécule qui jouisse d'un repos absolu, même dans un temps limité très-court, nous n'en concevons pas moins clairement qu'un corps peut exister en repos.

Mais si un corps est une fois en repos, il y demeurera toujours, à moins qu'une cause étrangère ne vienne l'en tirer : car, comme le mouvement ne peut avoir lieu que dans une certaine direction, il n'y aura pas de raison pour que le corps se meuve d'un côté plutôt que de tout autre; et par conséquent il ne se mouvra point. Donc, si un corps en repos vient à se mouvoir, on peut être assuré que ce n'est qu'en vertu d'une cause étrangère qui agit sur lui.

Cette cause, quelle qu'elle soit, qui ne nous est connue que par ses effets, nous l'appelons *Force*, ou *Puissance*.

La force est donc une cause quelconque de mouvement.

II.

2. Sans connaître la force en elle-même, nous concevons encore très-clairement qu'elle agit suivant une certaine direction, et avec une certaine intensité.

Nous acquérons presqu'en naissant l'idée de la direction de la force et de son intensité. Le sentiment de la pesanteur qui nous sollicite toujours du même côté, la vue d'un corps qui tombe ou qui reste suspendu au bout d'un fil, la différence des poids que la main éprouve, et une foule d'autres phénomènes aussi simples, nous donnent une idée de la direction et de l'intensité de la force, aussi incontestable que celle de notre existence.

Ainsi nous regarderons comme évident que *toute force agit au point où elle est appliquée, suivant une certaine direction, et avec une certaine intensité.*

III.

3. Maintenant, si nous représentons les directions des forces par des lignes droites, et

leurs intensités par des longueurs proportionnelles prises sur ces lignes, ou par des nombres, il est clair que les forces pourront être soumises au calcul comme toutes les autres grandeurs ; et delà résulte ce problème général dont la solution est l'objet de la mécanique :

Un corps, ou système quelconque de corps, étant sollicité par de certaines forces données, trouver le mouvement que ce corps prendra dans l'espace.

Et réciproquement : *Quelles doivent être les relations des forces qui agissent sur un système, pour que ce système prenne dans l'espace un mouvement donné;* ce qui est au fond la même question que la précédente.

4. Pour résoudre ce problème général, on commence par résoudre ce cas particulier où l'on demanderait quelles doivent être les relations des forces, pour que le système auquel elles sont appliquées prenne un mouvement égal à zéro, c'est-à-dire, demeure en équilibre. Ce problème une fois résolu, il est très-facile d'y ramener l'autre ; et voilà pourquoi l'on commence ordinairement l'étude de la Mécanique par celle de la Statique, qu'on définit *la science de l'équilibre des forces.*

L'autre partie de la Mécanique traite ensuite de toutes les questions qui se rapportent au mouvement des corps : elle s'appelle *dynamique*, ou science du mouvement. Mais nous ne nous occuperons ici que de la science de l'équilibre.

IV.

5. REMARQUEZ d'abord que dans la Statique proprement dite, il n'est pas nécessaire de connaître l'effet actuel des forces sur la matière, c'est-à-dire, les divers mouvements qu'elles sont capables de lui imprimer, eu égard à leurs intensités et à leurs directions; mais qu'il suffit de considérer les forces comme de simples grandeurs homogènes et par conséquent comparables, et d'assigner les rapports qui doivent exister entre elles pour qu'elles se détruisent mutuellement. Lorsque l'on passe de la théorie de l'équilibre à celle du mouvement, il faut de nouveaux principes sur l'évaluation des forces; car, ne calculant plus alors que leurs effets, il faut savoir les y rapporter. Estimer, par exemple, si une force double produit sur le même corps une vitesse double, ou si la même force appliquée à un corps de masse double, produit une vitesse deux fois moindre, etc. Mais ici, quelle que soit l'action des forces sur les corps, que les forces soient proportionnelles ou non à leurs effets sensibles, les vérités que nous allons exposer n'en subsisteront pas moins, parce que

ces vérités résultent de la seule présence actuelle de plusieurs forces qui n'obtiennent aucun effet, mais qui se détruisent avec évidence ; de sorte que l'état d'équilibre des corps reste comme un moment singulier de l'état de mouvement, où la mesure des forces par leurs effets, et leurs effets mêmes ont disparu.

6. Rigoureusement parlant, un corps en équilibre est dans le même état que s'il était en repos; car l'effet des forces étant anéanti pour toujours, ou s'anéantissant à chaque instant, si les forces sont sans cesse renaissantes, tout corps en équilibre est actuellement capable de se mouvoir en vertu d'une certaine force donnée, absolument comme il se serait mû en vertu de la même force, s'il eût été en repos. Cependant on peut distinguer l'équilibre d'avec le repos, en ce que, dans le second cas, le corps n'est sollicité par aucune force, au lieu que, dans l'autre, il est sollicité par des forces qui s'entre-détruisent.

Cette distinction, qui est nulle dans l'état rigoureux des choses, devient sensible dans les équilibres que la nature nous offre : presque aucun corps n'est exactement en équilibre; et lorsqu'il nous paraît dans cette situation, il existe néanmoins entre les forces qui le sollicitent une lutte perpétuelle qui le fait osciller infiniment peu, et le ramène continuellement à une position unique qu'il abandonne toujours. Mais *dans la solution mathématique des problèmes, on doit regarder un corps en équilibre comme s'il était en repos : et réciproquement, si un corps est en repos, ou sollicité par des forces quelconques, on peut lui supposer appliquées telles nouvelles forces qu'on voudra, qui soient en équilibre d'elles-mêmes, et l'état du corps ne sera point changé.*

On verra bientôt de nombreuses applications de cette remarque.

V.

7. Ces notions préliminaires étant posées, voyons comment on peut procéder à la recherche des conditions de l'équilibre, pour un système quelconque de corps, de figure invariable, sollicité par des forces quelconques P, Q, R, S, etc. appliquées en des points donnés a, b, c, d, etc. du système.

On supposera d'abord que tous les corps sont sans pesanteur, c'est-à-dire, tels qu'ils seraient s'ils existaient seuls dans l'espace; de sorte qu'il n'y aura plus à considérer que les efforts des seules forces appliquées P, Q, R, S, etc. qui devront se contre-balancer mutuellement dans le cas de l'équilibre.

Ensuite il est facile de voir qu'il suffira de trouver les conditions de l'équilibre pour le simple système des points d'application a, b, c, d, etc. regardés comme un assemblage de points liés entre eux d'une manière invariable.

En effet, si l'on désigne par a', b', c', d', etc. les mêmes points a, b, c, d, etc. du système, mais considérés seulement comme des points unis par des lignes droites, rigides et inextensibles; et si l'on suppose que les forces P, Q, R, S, etc. les maintiennent en équilibre, il est évident que les mêmes forces P, Q, R, S, etc. maintiendront aussi le système en équilibre. Car on pourrait imaginer que le système a été placé sur les points a', b', c', d', etc. de manière que les points a, b, c, d, etc. coïncident actuellement avec eux. Le système étant laissé en repos dans cette situation, l'équilibre des points a', b', c', d', etc. ne sera point troublé. Mais il est clair que l'équilibre subsisterait encore, si, au lieu de supposer les points a et a', b et b', c et c', etc. coïncidents, on les supposait unis d'une manière invincible, de sorte que a ne pût se séparer de a', b de b', c de c', et ainsi des autres; d'où il résulte que les conditions de l'équilibre entre des forces P, Q, R, S, etc., appliquées à un système quelconque de corps, sont les mêmes conditions qui auraient lieu entre les mêmes forces P, Q, R, S, etc. appliquées au simple système des points d'application a, b, c, d, etc. liés entre eux d'une manière invariable.

Ainsi, lorsque l'on cherchera les relations de certaines forces qui se font équilibre autour d'un système quelconque solide, on pourra faire abstraction de tous les corps du système, et supposer qu'il ne reste plus que les points d'application a, b, c, d, etc. qu'on imaginera liés entre eux de manière à ne pouvoir changer leurs distances mutuelles.

D'après ces considérations, l'on dégage du problème et le poids et le volume des corps, et la question devient plus simple.

Par la suite, nous rendrons aux corps leur pesanteur, et nous aurons égard à leurs poids respectifs, comme à de nouvelles forces qu'il faudrait combiner avec les autres, pour avoir l'équilibre. Nous pourrons, de cette manière, appliquer les résultats de la Statique à l'équilibre des corps naturels qui sont tous pesants.

VI.

8. Maintenant, puisqu'il ne reste plus à considérer dans l'équilibre des forces que trois choses, savoir : leurs intensités, leurs directions et leurs points d'application, il est visible que les conditions de l'équilibre ne sont autre

chose que les relations mutuelles qui doivent exister entre ces trois choses, pour que l'équilibre ait lieu dans le système. Or, on peut déjà comprendre, et l'on verra bientôt que ces relations peuvent être exprimées par des équations où l'on ferait entrer immédiatement les intensités des forces, leurs directions, au moyen des angles qu'elles forment avec des droites fixes dans l'espace; et leurs points d'application, au moyen de co-ordonnées qui en déterminent les positions respectives.

C'est ainsi qu'on peut se faire une idée du problème de la Statique, et se mettre au fait de l'état de la question.

Mais l'on pourra observer que, dans tout ce que nous venons de dire, il ne s'agit que d'un corps libre dans l'espace, tandis que l'on conçoit bien qu'un corps pourrait être assujetti à de certaines conditions, comme, par exemple, de tourner autour d'un point ou d'un axe fixe, de s'appuyer constamment sur une surface impénétrable, etc. Mais l'on verra par la suite que les résistances qu'un corps éprouve à cause des conditions étrangères qui l'assujettissent, peuvent toujours être remplacées par des forces convenables, et qu'après cette substitution de forces à la place des résistances, le corps peut être regardé comme libre dans l'espace; ainsi il était inutile de compliquer au commencement la question.

VII.

9. Pour découvrir actuellement la route qui peut nous conduire aux conditions de l'équilibre, représentons-nous un corps ou système tenu en équilibre par des forces quelconques P, Q, R, S, etc. dirigées comme on voudra dans l'espace.

Puisque toutes ces forces se font équilibre, on voit que l'une quelconque d'entre elles, la force P, par exemple, s'oppose seule à l'action de toutes les autres Q, R, S, etc. d'où il paraît que l'effet de ces dernières est de solliciter le système absolument comme une simple force égale et contraire à la force P.

C'est en effet ce qui a lieu et ce qu'on peut porter à la dernière évidence au moyen de la remarque précédente (6), et de cet axiome que deux forces égales et opposées se font nécessairement équilibre (12).

Car, supposons que l'on applique au système une force P' parfaitement égale et contraire à la force P. Les forces P et P' étant en équilibre, leur effet est nul de lui-même, et l'on peut regarder le corps comme n'étant plus soumis qu'à l'action des forces Q, R, S, etc. Mais d'un autre côté, la force P faisant équilibre aux forces Q, R, S, etc. leur effet est aussi nul de lui-même, et l'on peut regarder le corps comme n'étant plus soumis qu'à l'action de la simple force P'. L'état du corps est donc identiquement le même, soit qu'on le suppose sollicité par les forces Q, R, S, etc., soit qu'on le suppose sollicité par la seule force P' égale et contraire à celle qui leur ferait équilibre.

Donc, puisqu'il peut arriver qu'une seule force soit capable de produire sur un corps le même effet que plusieurs, et en tienne parfaitement lieu, notre premier soin doit être de chercher à réduire les forces appliquées, au plus petit nombre possible, et d'observer sur-tout la loi de cette réduction. Alors les conditions de l'équilibre entre toutes les forces se ramèneront aux conditions de l'équilibre entre ces forces finales équivalentes aux premières, et deviendront plus faciles à exprimer.

10. Cette force qui est capable de produire sur un corps le même effet que plusieurs autres forces combinées, et qui peut à elle seule en tenir parfaitement lieu, se nomme *leur résultante*. D'où l'on voit, en rappelant ce qui a été dit plus haut, *que si plusieurs forces se font actuellement équilibre sur un corps, l'une quelconque d'entre elles est égale et directe-*

ment opposée à la résultante de toutes les autres.

Les autres forces, à l'égard de la résultante, se nomment *les composantes*. La loi d'après laquelle on trouve la résultante de plusieurs forces se nomme *la composition des forces*. La même loi (mais prise dans l'ordre inverse) d'après laquelle on substitue à une seule plusieurs forces capables du même effet, ou dont la première serait la résultante, se nomme *la décomposition des forces*.

Nous allons donc commencer par ces deux recherches, qui au fond n'en forment qu'une seule, celle de la loi qui lie la résultante à ses composantes.

11. Souvent, pour abréger le discours, nous appellerons forces parallèles des forces dont les directions sont parallèles; forces concourantes, des forces dont les directions concourent, etc.

Nous désignerons ordinairement les forces par les lettres P, Q, R, S, etc. placées sur les lignes qui représentent leurs directions; et si une lettre telle que A indique le point d'application d'une force telle que P, par exemple, nous supposerons toujours que l'action de cette force a lieu de A vers la lettre P, ou que la force tire de A en P.

CHAPITRE PREMIER.

SECTION PREMIÈRE.

COMPOSITION ET DÉCOMPOSITION DES FORCES.

Axiomes, Lemmes préliminaires, etc.

12. IL est évident que *deux forces égales et contraires appliquées à un même point sont en équilibre.*

Il est encore évident que *deux forces égales et contraires appliquées aux extrémités d'une droite considérée comme une verge inflexible, et agissantes dans la direction de cette droite, sont en équilibre.* Car il n'y a pas de raison pour que le mouvement naisse d'un côté plutôt que de l'autre, comme dans le premier axiome.

Corollaire.

13. IL est facile de conclure delà que l'effet d'une force qui sollicite un corps ne peut être changé en quelque point de sa direction qu'on la suppose appliquée; pourvu que ce point soit

un des points du corps lui-même, ou, s'il est au-dehors, qu'il lui soit invariablement attaché.

Fig. 1. Car, soit une force quelconque P appliquée au point A d'un corps ou système quelconque : si l'on prend sur la direction de cette force un autre point B invariablement lié au système, de manière que la longueur A B reste toujours constante; et si l'on applique au point B deux forces P', —P' égales entre elles et à la force P, et agissantes dans la direction de A B, le point A sera encore sollicité de la même manière qu'auparavant; car l'effet des deux forces P' et —P' est nul de lui-même. Mais en considérant la force P et son égale et contraire —P' appliquée en B, il est manifeste que leur effet est aussi nul. On peut donc les supprimer, et il ne reste plus que la force P' qui n'est autre chose que la force P, mais appliquée au point B de sa direction; et le point A n'a pas cessé d'être sollicité de la même manière.

On peut donc appliquer une force en un point quelconque de sa direction, pourvu que ce point soit lié au premier point d'application par une ligne droite rigide et inextensible.

Remarque.

Lorsque nous changerons ainsi les points d'application des forces, nous ne répèterons pas toujours que l'on doit supposer les nouveaux points invariablement attachés aux premiers ; mais il faudra toujours le sous-entendre.

Lemme.

14. Lorsque deux forces P et Q sont appliquées à un même point A sous un angle quelconque, on conçoit bien qu'une troisième force R appliquée convenablement au point A pourrait faire équilibre aux deux forces P et Q. Car, en vertu des efforts combinés des deux forces P et Q, le point A tend à quitter le lieu où il est : or il ne peut s'échapper que d'un seul côté, et par conséquent si l'on applique une force convenable en sens contraire, ce point demeurera en équilibre.

Fig. 2.

Les trois forces P, Q, R, étant en équilibre autour du point A, la force R est égale et directement opposée à la résultante des deux autres (10). Donc deux forces P et Q qui concourent ont une résultante.

En second lieu, il est visible que cette résultante doit être dans le plan de leurs directions AP, AQ; car il n'y a pas de raison pour qu'elle ait au-dessus du plan une certaine position, plutôt que la position parfaitement symétrique au-dessous.

Fig. 3.

De plus, elle doit être dirigée dans l'angle

P A Q des deux forces; car il est clair que le point A ne peut se mouvoir dans la partie du plan qui est au-dessus de la ligne A Q, vers D : de même il ne peut se mouvoir au-dessus de la ligne A P, vers B; et par conséquent il ne pourra se mouvoir que dans l'angle P A Q, et la résultante R devra être dirigée dans l'intérieur de cet angle.

Remarque.

15. Il n'y a qu'un seul cas où l'on puisse voir *à priori* quelle sera la direction de la résultante; c'est celui où les deux forces P et Q sont égales : alors il est clair que la résultante divise en deux également l'angle qu'elles forment entre elles; car il n'y a pas de raison pour que cette résultante fasse avec l'une des composantes un angle plus petit qu'avec l'autre.

Axiome fondamental.

16. Lorsque les deux forces P et Q agissent dans la même direction et dans le même sens, il est visible, et l'on doit accorder comme un axiome que ces forces s'ajoutent, et donnent une résultante égale à leur somme $P+Q$.

Corollaire.

17. Dela on peut conclure (en combinant successivement les forces deux à deux) que la

résultante de tant de forces que l'on voudra qui agissent dans une même direction et dans le même sens, est égale à leur somme totale, et agit dans la même direction.

Que lorsque deux forces inégales P et Q agissent en sens contraire dans une même direction, leur résultante est égale à la différence P—Q des forces, et qu'elle agit dans le sens de la plus grande; car on peut concevoir dans la plus grande que je suppose P, par exemple, une force égale et contraire à Q, et qui la détruit : on peut supprimer ces deux forces-là, et le point est actuellement tiré par la différence P—Q des deux forces P et Q.

D'où l'on voit qu'en général *la résultante de tant de forces que l'on voudra, agissantes dans la même direction, est égale à l'excès de la somme de celles qui tirent dans un sens, sur la somme de celles qui tirent dans le sens contraire, et qu'elle agit dans le sens de la plus grande somme.*

Remarque.

18. Telles sont quelques-unes des propositions les plus élémentaires, dont on découvre la vérité *à priori*, et presqu'à la première inspection. Le cas le plus simple de la composition des forces, et en même temps celui où

l'on connaît tout d'un coup la résultante, est évidemment le cas des forces qui agissent dans une même direction. Nous allons donc commencer la composition des forces par celles qui s'y ramènent immédiatement.

Composition des forces qui agissent suivant des directions parallèles.

Théorème I.

Fig. 4.   19. DEUX forces quelconques P et Q, parallèles et de même sens, appliquées aux extrémités A et B d'une droite rigide AB, 1° ont une résultante, et cette résultante doit être appliquée à la ligne AB entre les deux points A et B.

2° Elle est parallèle aux forces P et Q, et égale à leur somme.

1° Appliquez à volonté aux deux points A et B deux forces M et N, égales et contraires, et qui agissent dans le sens de la droite AB. L'effet de ces deux forces sera nul, et par conséquent l'effet des deux forces P et Q ne sera pas changé : mais les deux forces M et P appliquées en A ont une résultante S appliquée au point A, et dirigée dans l'angle M A P (14). De même les deux forces N et Q ont une résultante T, appliquée en B et dirigée dans l'angle

N B Q. Concevez qu'on ait pris ces deux résultantes, et qu'on les ait appliquées toutes deux au point D où leurs directions vont nécessairement se couper; la résultante des deux forces S et T sera absolument la même que celle des deux forces P et Q : or, étant appliquée en D, et devant être dirigée dans l'angle A D B, elle ira passer entre A et B, en un certain point C, où l'on pourra la supposer appliquée.

2° Maintenant, pour démontrer que cette résultante est parallèle aux forces P et Q, et égale à leur somme, imaginons qu'au point D on redécompose la force S en deux composantes M' et P', parfaitement égales et parallèles aux premières M et P; de même, qu'on redécompose la force T en deux composantes N' et Q', parfaitement égales et parallèles aux premières N et Q. Les deux forces M', N', seront égales; et, de plus, directement opposées, puisqu'appliquées à un même point D, elles sont parallèles à une même droite M N ; et par conséquent leur effet sera absolument nul. Il ne restera donc que les deux forces P' et Q', respectivement égales et parallèles aux forces P et Q. Or, ces deux forces, étant évidemment dans une même direction, se composeront en une seule R, égale à leur somme P' $+$ Q' ou P $+$ Q; *ce qu'il fallait démontrer.*

Corollaire I.

Fig. 5.   20. Si les deux forces P et Q sont égales entre elles, le point C d'application de la résultante sera au milieu de la ligne AB. Prenons, en effet, les deux forces M et N dont on est maître, égales aux forces P et Q. La résultante S des deux forces égales M et P divisera en deux également l'angle MAP (15); et à cause de DC parallèle à la ligne AP, le triangle ACD sera isoscèle. Par une raison toute semblable, le triangle BCD sera isoscèle; et l'on aura d'une part, AC=CD, et de l'autre, CD=CB; d'où AC=CB.

Corollaire II.

21. Il résulte delà que la résultante de tant de forces parallèles qu'on voudra, égales deux à deux et appliquées symétriquement à des distances égales du milieu d'une même droite, est égale à la somme de toutes ces forces, leur est parallèle, et passe par le milieu de la droite d'application. Car, en combinant successivement deux à deux les forces égales placées de part et d'autre à des distances égales du milieu de la ligne droite, leurs résultantes successives passeront toutes par ce même point, et s'ajouteront ensuite comme étant de même sens et de même direction.

22. Et réciproquement on pourra décomposer toute force P appliquée à une ligne, en tant d'autres forces parallèles qu'on voudra, appliquées à différens points de cette ligne, pourvû que ces forces deux à deux soient égales, à égales distances du point d'application de la force P, et que leur somme totale soit égale à cette même force.

Théorème II.

23. *Le point C d'application de la résultante de deux forces parallèles P et Q qui agissent aux extrémités A et B d'une droite inflexible AB, partage cette droite dans la raison réciproque de P à Q : de sorte que l'on a : P : Q :: BC : AC.* Fig. 6.

Supposons d'abord que les forces P et Q soient commensurables, c'est-à-dire, soient entre elles comme deux nombres entiers m et n.

Divisons AB au point H en deux parties directement proportionnelles aux deux forces P et Q ; de manière qu'on ait : AH : BH :: P : Q, et par conséquent, :: m : n. Sur le prolongement de la ligne inflexible AB, prenons AG = AH, et BK = BH. Le point A sera vers le milieu de GH, et le point B le milieu de HK.

Cela posé, puisque les forces P et Q sont entre elles comme les lignes AH et BH, elles seront aussi entre elles comme les mêmes lignes doublées, c'est-à-dire, comme les lignes GH et HK. Et comme il y a, par hypothèse, dans la ligne AH, m mesures telles que BH en contient n, il y aura $2m$ mesures dans GH, et $2n$ mesures égales dans HK. Or, on peut décomposer la force P en $2m$ forces égales et parallèles, appliquées aux $2m$ points milieux des communes mesures de la ligne GH (22); et la force Q en $2n$ forces parallèles, égales entre elles et aux premières, appliquées aux $2n$ points milieux des communes mesures de la ligne HK. Maintenant toutes ces forces égales, étant équidistantes, se trouveront placées deux à deux à égales distances du milieu C de la ligne entière GK, et par conséquent leur résultante générale, qui est celle des deux forces P et Q, passera nécessairement par le milieu de la ligne GK.

Mais à cause de GC=AB, il vient, en retranchant la partie commune AC, BC=AG=AH; et en ajoutant de part et d'autre CH, AC=BH. Donc puisque l'on a : P : Q :: AH : BH, on a aussi :

$$P : Q :: BC : AC.$$

Supposons, en second lieu, que les deux forces P et Q ne soient pas commensurables.

Fig. 7. Je remarque d'abord que si la résultante de

deux forces quelconques P et Q appliquées aux points A et B, tombe en C, la résultante de la force P et d'une force $Q+I > Q$ tombera entre le point C et le point B ; c'est-à-dire que le point d'application de la résultante s'approchera du point d'application de la composante qui aura augmenté. En effet, pour trouver la résultante des deux composantes P et $Q+I$, on peut prendre d'abord la résultante R de P et Q, qui passe au point C, par hypothèse, et ensuite celle de R et de I, dont le point d'application sera entre C et B (19).

Maintenant, si la résultante des deux forces incommensurables P et Q ne passe pas au point C qui est tel qu'on a $P : Q :: BC : AC$, elle passera en un autre point situé entre A et C, ou entre C et B. Supposons que ce soit en G entre A et C. Partagez la ligne AB en parties égales toutes plus petites que GC, il y aura au moins un point de division entre C et G. Soit I ce point : les deux lignes AI et BI seront commensurables, et le point I pourra être considéré comme le point d'application de la résultante de deux forces P et Q' qui seraient telles qu'on aurait : $P : Q' :: BI : AI$: ce qui donne $Q' < Q$ (puisqu'on a par hypothèse $P : Q :: BC : AC$.) Mais la résultante des deux forces P et Q' passant en I, celle des deux forces P, et $Q > Q'$, pas-

Fig. 8.

sera entre I et B, et ne pourra tomber en G contre l'hypothèse.

On ferait voir absolument de la même manière qu'elle ne peut tomber entre C et B; et par conséquent elle passe nécessairement en C.

Corollaire I.

Fig. 9. 24. LORSQUE trois forces parallèles P, Q, R sont en équilibre sur une ligne AB, l'une d'entre elles est égale et directement opposée à la résultante des deux autres. Ainsi la force Q, par exemple, prise en sens contraire, est la résultante des deux forces P et R. Comme les deux forces P et Q tirent dans le même sens, la force R est égale à $P+Q$, et par conséquent $Q = R-P$; d'où il suit que la résultante de deux forces parallèles qui agissent en sens contraires est égale à leur différence, et tire du même côté que la plus grande.

25. Les deux forces P et R étant données ainsi que la distance AC qui sépare leurs points d'application, si l'on demande le point d'application de la résultante Q, on fera cette proportion : $P:Q::BC:AC$: d'où l'on tire : $P+Q:Q::BC+AC:AC$, c'est-à-dire, $R:Q::AB:AC$, proportion qui fera connaître AB, et par conséquent le point B.

Remarque.

26. Supposons que les deux forces P et R soient égales, la résultante Q sera zéro, et la distance AB de son point d'application sera, par la proportion ci-dessus, $\frac{R \times AC}{0}$, c'est-à-dire, infinie.

Si les deux forces P et R, au lieu d'être égales, différaient d'une quantité très-petite, la résultante Q qui est égale à cette différence, serait très-petite, et la distance $AB = \frac{R \times AC}{Q}$ serait très-grande à cause du dénominateur Q très-petit; ainsi, plus les deux forces s'approchent de l'égalité, plus la résultante diminue, et plus la distance du point où elle est appliquée augmente. De sorte que, lorsque les deux forces deviennent parfaitement égales, la résultante est nulle, et la distance du point d'application infinie. Ce qui paraît annoncer qu'on ne peut pas trouver actuellement une force unique qui fasse équilibre à deux forces égales, parallèles et agissantes dans des sens opposés.

27. Mais, pour ne laisser aucun nuage sur cette dernière conséquence, imaginons, s'il est possible, qu'une force unique fasse équilibre aux deux forces P et — P, parfaitement égales,

parallèles et contraires. 1° Il est clair que cette force doit être dans le plan des deux forces P et — P ; car il n'y a pas de raison pour qu'elle soit au-dessus plutôt qu'au-dessous, tout étant égal de part et d'autre. 2° Quelle que soit la position qu'on lui donne dans le plan à l'égard de la force P, on lui en trouvera sur-le-champ une autre parfaitement symétrique et de sens contraire, à l'égard de la force — P : elle aurait donc à la fois deux positions différentes, ce qui est absurde.

Ainsi les deux forces P et — P ne peuvent avoir de résultante unique.

Nous reviendrons bientôt sur ces sortes de forces, dont la considération, qui n'avait paru jusqu'ici que comme un cas singulier, fera la seconde partie essentielle de nos Éléments.

Corollaire II.

Fig. 6. 28. De même que l'on compose en une seule deux forces parallèles qui agissent à des points donnés d'une ligne, on peut aussi décomposer une seule force quelconque R, appliquée à un point C d'une droite inflexible, en deux autres P et Q qui lui soient parallèles, et qui agissent en des points donnés A et B de cette droite. Il ne s'agit pour cela que de partager la force R en deux autres qui soient entre elles dans le rapport des distances BC et AC; et pour trouver la force Q, par exemple, on se servira de la proportion R : Q :: AB : AC, dans laquelle il n'y a que Q d'inconnue. La force P sera égale à R—Q.

Mais si le point C d'application de la force R *Fig. 10.* qu'on veut décomposer ne tombait pas entre A et B, points d'application donnés des composantes P et Q que l'on cherche, on ferait toujours la proportion R : Q :: AB : AC, qui ferait connaître la force Q; mais la force P serait égale à R+Q.

Corollaire III.

29. QUAND on sait déterminer la résultante *Fig. 11.* de deux forces parallèles, on peut facilement trouver celle de tant de forces parallèles qu'on voudra, appliquées aux différents points d'un système quelconque de figure invariable.

Soient, par exemple, les quatre forces parallèles P, P', P'', P''', appliquées respectivement aux quatre points A, B, C, D, situés d'une manière quelconque dans l'espace, et liés entre eux d'une manière invariable : en considérant ces forces deux à deux, elles sont dans des mêmes plans. Ainsi l'on peut prendre d'abord la résultante X des deux forces P et P'; elle sera égale à leur somme P+P', et passera en un point I de la ligne AB, qu'on trouvera en divisant AB dans la raison inverse de P à P'. La résultante X étant ainsi déterminée, on joindra le point I où elle agit, au point C de la troisième force P''. Les deux forces X et P'' étant parallèles, on en prendra la résultante X', comme nous avons fait tout-à-l'heure : cette résultante sera égale à leur somme X+P'', et le point F où elle devra être appliquée se trouvera, en divisant la droite CI, dans la raison réciproque de X à P''. Joignant enfin le point F au point D d'application de la quatrième force P''', et divisant la droite FD en deux parties réciproquement proportionnelles aux forces X' et P''', on aura le point G d'application de la résultante générale R, qui sera parallèle aux deux forces X' et P''', et par conséquent à toutes les composantes; égale à leur somme X'+P''', et par conséquent à la somme de toutes les composantes.

Le raisonnement que nous venons de faire s'étend manifestement à un nombre quelconque de forces parallèles.

Si parmi les forces P, P', P'', etc. les unes agissaient dans un sens, et les autres dans le sens contraire, on commencerait par prendre la résultante de toutes celles qui agissent dans le même sens; on chercherait ensuite la résultante de celles qui agissent dans le sens contraire ; et toutes les forces étant alors réduites à deux forces parallèles et de sens contraires, on en trouverait la résultante par ce que nous avons dit plus haut.

30. On peut donc, en général, déterminer la position et la quantité de la résultante de tant de forces parallèles qu'on voudra ; *cette résultante sera parallèle aux forces, et égale à l'excès de la somme de celles qui tirent dans un sens, sur la somme de celles qui tirent dans le sens contraire.*

J'ai dit en général, par ce qu'il peut arriver, que la résultante des forces qui tirent dans un sens, soit parfaitement égale à la résultante de celles qui tirent dans le sens contraire, sans lui être directement opposée ; et alors il n'y a pas de résultante unique, comme nous l'avons vu plus haut.

Corollaire IV.

31. Supposons que les quatre forces P, P′, P″, P‴, sans changer de grandeurs, sans cesser d'être parallèles et de passer aux mêmes points respectifs A, B, C, D, viennent à prendre les positions p, p', p'', p''' dans l'espace.

Si l'on en cherche la résultante, en suivant le même ordre que plus haut, on trouvera d'abord que la résultante x de p et p', passe au même point I que la résultante X de P et P', et qu'elle lui est égale. Elle passera par le même point, parce que son point d'application doit diviser la même droite A B dans la raison réciproque de p à p', qui est la même que celle de P à P'. Elle lui sera égale, parce qu'on aura $p + p' = P + P'$. On trouvera de même que la résultante x' de x et p'' passera au même point F que la résultante X' de X et P''', et qu'elle lui sera égale, et ainsi de suite : de sorte que la résultante générale des quatre forces p, p', p'', p''', passera au même point que la résultante des quatre forces P, P', P'', P''' ; et cela est général, quel que soit le nombre des forces : d'où l'on peut conclure ce théorème remarquable :

32. *Si l'on a un système quelconque de forces parallèles, appliquées à un assemblage de points* A, B, C, D, *etc., et qu'on incline successivement tout le système de ces forces dans diverses situations, de manière que les mêmes forces passent toujours par les mêmes points, et conservent leurs grandeurs et leur parallélisme ; les résultantes générales qu'on trouvera successivement dans chacune de ces positions se croiseront toutes au même point.*

Ce point d'intersection des résultantes successives se nomme *le centre des forces parallèles.* Nous aurons occasion d'en parler plus loin, quand il sera question des centres de gravité.

On peut remarquer, au reste, dans la démonstration précédente, qu'il n'est pas nécessaire de supposer que les forces conservent toujours les mêmes grandeurs, mais qu'il suffit que, dans les positions successives du groupe, elles demeurent proportionnelles.

Composition des forces dont les directions concourent en un même point.

Théorème III.

33. *LA résultante de deux forces quel-* Fig. 12, *conques* P *et* Q, *appliquées à un même point* A *sous un angle quelconque, est dirigée suivant la diagonale du parallélogramme* ABDC *construit sur les deux lignes* AB, AC, *qui représentent les forces* P *et* Q *en grandeurs et en directions.*

D'abord, nous avons (14) vu que cette résultante doit être dans le plan des deux forces P et Q; en second lieu, qu'elle doit être appliquée au point A, puisque cette résultante, par hypothèse, doit solliciter le point A absolument de la même manière que les deux forces P et Q.

Je dis maintenant qu'elle doit passer au point D, extrémité de la diagonale AD.

Prenons, en effet, sur le prolongement de la ligne BD la partie DG=DC, et achevons le losange CDGH. Appliquons aux points G et H et dans la direction de GH, deux forces Q' et Q" contraires, égales entre elles et à la force Q. Il est facile de voir que la résultante des quatre forces P, Q, Q' et Q" doit passer au point D. Car 1° à cause de Q'=Q, les deux forces parallèles P et Q' sont entre elles comme les côtés AB, AC ou comme DC et DB, ou bien à cause de DC=DG, comme les lignes DG et DB, et par conséquent (23) leur résultante S passe en D; 2° les deux forces Q et Q" étant égales, leur résultante T prolongée divise en deux également l'angle CHG du losange CDGH, et va passer aussi par le point D, où l'on peut la supposer appliquée. Donc la résultante générale qui est celle des deux forces S et T passe au point D.

Mais les deux forces Q' et Q" appliquées sur GH étant parfaitement égales et contraires, leur effet est absolument nul, et la résultante des quatre forces P, Q, Q' et Q" est identiquement la même que celle des deux forces P et Q. Donc, puisque la première passe en D, celle des deux forces P et Q passe aussi au même point.

Puisque la résultante passe à la fois par les deux points A et D, elle est donc nécessairement dirigée suivant la diagonale AD.

Corollaire.

34. CONCLUONS delà que si l'on connaissait seulement les directions des deux forces P et Q, et celle de leur résultante R, on pourrait déterminer le rapport de la force P à la force Q. Car, en prenant sur la direction de la résultante un point quelconque D, et menant de ce point deux parallèles DC et DB aux directions des composantes P et Q, et qui rencontrent ces directions en C et B, on aurait nécessairement P : Q :: AB : AC. Sans quoi l'on aurait P à Q comme AB est à une ligne AO plus petite ou plus grande que AC; et alors la résultante des deux forces P et Q serait dirigée suivant la diagonale AI d'un parallélogramme AOIB différent du parallélogramme ABDC, ce qui est contre l'hypothèse.

Fig. 13.

Théorème IV.

35. LA *résultante de deux forces quel-* Fig. 14.

conques P et Q appliquées à un même point A, *est représentée en grandeur et en direction par la diagonale du parallélogramme* ABDC, *construit sur les deux lignes* AB, AC *qui représentent ces forces en grandeurs et en directions.*

Nous avons déjà vu que cette résultante est dirigée suivant la diagonale ; reste à faire voir qu'elle est représentée en quantité par la diagonale elle-même.

Soit R cette résultante : supposez qu'elle soit appliquée au point A sur le prolongement de la diagonale DA, en sens contraire de son action. Les trois forces P, Q, R seront en équilibre sur le point A. Donc l'une d'elles, la force Q, par exemple, sera égale et directement opposée à la résultante des deux autres P et R. Donc la direction de la force Q, prolongée, sera celle de la résultante des deux forces P et R. Donc si, du point B, vous menez à la direction AR, la parallèle BG qui rencontre en G le prolongement de QA, et du point G, à la direction AP, la parallèle GH qui rencontre en H la direction de la force R, les deux forces P et R seront entre elles comme les côtés AB, AH du parallélogramme ABGH (34). Mais la ligne AB représente actuellement la force P, donc la ligne AH représente la force R. Or, par les parallèles, on a : AH = BG = AD ; donc, etc.

Corollaire I.

36. Puisque les trois forces P, Q, R sont entre elles comme les trois lignes AB, AC, AD ; et que dans le parallélogramme ABDC, on a : AB = CD, on peut dire que ces trois forces sont entre elles comme les trois côtés CD, CA et AD du triangle ACD. Mais ces trois côtés sont entre eux comme les sinus des angles opposés CAD, CDA, ACD, et à cause des parallèles, l'angle CDA = l'angle BAD ; l'angle ACD est supplément de l'angle BAC, et par conséquent a le même sinus ; on a donc :

P : Q : R : : sin. CAD : sin. BAD : sin. BAC.

D'où l'on peut conclure que la résultante de deux forces P et Q étant représentée par le sinus de l'angle formé par leurs directions, les deux forces P et Q sont représentées réciproquement par les sinus des deux angles adjacents à la direction de la résultante. Ou, si l'on veut, *chacune des forces P, Q, R est comme le sinus de l'angle formé par les directions des deux autres.*

Remarque.

37. On peut voir par là, et mieux encore

par la considération immédiate du parallélogramme des forces, que lorsque deux forces agissent sur un même point sous un angle qui n'est pas égal à deux droits, elles ne peuvent jamais donner une résultante nulle, à moins qu'elles ne soient nulles elles-mêmes chacune en particulier.

Car, si aucune des deux forces n'était nulle, on pourrait construire un parallélogramme sur les deux lignes qui les représentent en grandeurs et en directions, et la diagonale de ce parallélogramme serait la résultante.

Si l'une d'elles seulement était nulle, la seconde serait la résultante, et par conséquent la résultante ne peut être nulle, à moins que les composantes ne soient toutes deux nulles en même temps.

Lorsque les deux composantes agissent sous un angle égal à deux angles droits, elles sont alors contraires, et la résultante n'est pas nulle dans le seul cas où ces deux composantes sont nulles toutes deux, mais encore dans celui où elles sont égales.

Corollaire II.

Fig. 15.   38. On peut toujours décomposer une force donnée R en deux autres P et Q dirigées suivant des lignes données AP, AQ, pourvu que ces directions et celle de la force R soient comprises dans un même plan et concourent au même point A. Car, prenant sur la direction de la force R une partie AD qui représente sa quantité, et par le point D menant les droites DC, DB parallèles aux directions données AP, AQ, on formera un parallélogramme ABDC, dont les côtés AB, AC représenteront les forces demandées P et Q.

Si l'on veut calculer immédiatement leurs grandeurs, on pourra faire ces deux proportions :

$$R : P :: \sin. BAC : \sin. CAD$$
$$R : Q :: \sin. BAC : \sin. BAD$$

dans lesquelles il n'y a que P et Q d'inconnues.

Remarque.

39. Si l'angle BAC était droit, on aurait, en supposant le rayon $= 1$, sin. BAC $= 1$; sin. CAD $=$ cos. BAD, et réciproquement sin. BAD $=$ cos. CAD. Et les deux proportions ci-dessus deviendraient :

$$R : P :: 1 : \cos. BAD$$
$$R : Q :: 1 : \cos. CAD.$$

D'où : P=R. Cos. BAD et Q=R. Cos. CAD.

Il résulte delà que lorsqu'on décompose une

force en deux autres qui agissent suivant des directions rectangulaires entre elles, on trouve chaque composante en multipliant la force proposée par le cosinus de l'angle qu'elle fait avec la direction de cette composante.

Chaque composante est représentée par la projection de la résultante sur sa direction, et c'est ce qu'on appelle souvent la force *estimée* suivant cette direction. Ainsi, R cos. BAD, ou la composante P est la force R *estimée* suivant la direction A P.

Corollaire III.

40. Quand on sait déterminer la résultante de deux forces appliquées à un point, on peut déterminer celle de tant de forces P, Q, R, S, etc. qu'on voudra, appliquées à un même point A, et dirigées d'une manière arbitraire dans l'espace. Car, en considérant d'abord deux quelconques de ces forces, comme les forces P et Q, par exemple, ces deux forces seront dans un même plan, et l'on en déterminera la résultante comme nous l'avons fait tout-à-l'heure. Soit X cette résultante, on prendra semblablement la résultante de la force X et d'une autre telle que R. Combinant ensuite cette résultante que je désigne par Y avec une nouvelle force S, on aura leur résultante Z qui sera celle des quatre

forces P, Q, R, S; et continuant ainsi, on arrivera nécessairement à la résultante générale.

Si toutes les forces P, Q, R, S, etc. sont dans un même plan, les résultantes successives X, Y, Z, etc. seront dans ce même plan, et par conséquent la résultante générale y sera aussi.

Si toutes les forces sont en équilibre, la résultante générale sera nulle.

Théorème V.

41. S<small>I</small> *trois forces* X, Y, Z *appliquées à un même point* A *dans l'espace sont représentées par les trois lignes* AB, AC, AD, *et qu'on achève le parallélépipède* A...F, *la résultante* R *de ces trois forces sera représentée par la diagonale* AF *de ce parallélépipède.* Fig. 16.

En effet, les deux forces X et Y qui sont représentées par les deux côtés du parallélogramme ABGC, donneront pour résultante une force P représentée par la diagonale AG de ce parallélogramme.

Ensuite, à cause de AD égale et parallèle à GF, la figure AGFD sera un parallélogramme, et par conséquent les deux forces P et Z donneront une résultante R représentée par la diagonale AF, laquelle est en même temps la diagonale du parallélépipède proposé.

Remarque.

42. Observons, sur-le-champ, comme au n° 37, que tant que les trois forces X, Y, Z ne seront pas dans un même plan, elles ne pourront jamais donner une résultante nulle, à moins qu'elles ne soient nulles elles-mêmes en particulier.

Car, si aucune d'elles n'était nulle, on pourrait construire le parallélépipède sur les lignes qui les représentent, en grandeurs et en directions, et la diagonale serait la résultante.

Si l'une d'elles seulement était nulle, les deux autres qui, par hypothèse, ne sont pas en ligne droite, auraient une résultante.

Enfin, si deux d'entre elles seulement étaient nulles, la troisième serait la résultante, et par conséquent, les composantes X, Y, Z doivent être nulles toutes trois, pour donner une résultante nulle.

Corollaire I.

43. On voit par le Théorème précédent, (qu'on pourrait nommer le parallélépipède des forces) qu'une force quelconque donnée R est toujours décomposable en trois autres X,

DE STATIQUE. 41

Y, Z respectivement parallèles à trois lignes données dans l'espace, pourvu que deux de celles-ci ne soient pas parallèles.

Car, en prenant la partie AF pour représenter la quantité de la force R, et menant par le point A d'application trois lignes parallèles aux droites données chacune à chacune, on conduira par le point A trois plans indéfinis XY, XZ, YZ, et par le point F trois autres plans respectivement parallèles aux premiers; et ces six plans détermineront le parallélépipède dont les trois arrêtes contiguës AB, AC, AD représenteront les trois composantes X, Y, Z.

Corollaire II.

44. Si le parallélépipède est rectangulaire, on aura dans le rectangle ADFG : $\overline{AF}^2 = \overline{AD}^2 + \overline{AG}^2$; mais dans le rectangle ABGC, on a : $\overline{AG}^2 = \overline{AC}^2 + \overline{AB}^2$; donc en substituant cette valeur de $\overline{AG}$, on aura :
$\overline{AF}^2 = \overline{AD}^2 + \overline{AC}^2 + \overline{AB}^2$; et par conséquent :

$$R^2 = X^2 + Y^2 + Z^2.$$

Ce qui donne $R = \sqrt{(X^2 + Y^2 + Z^2)}$ pour la valeur de la résultante en fonction des trois composantes.

45. Si l'on veut avoir les trois composantes en fonction de la résultante et des angles qu'elles font avec elle, en nommant d'abord α l'angle que la résultante R fait avec la composante X, on aura visiblement : $AF:AB::1:\cos.\alpha$, et par conséquent :

$$R:X::1:\cos.\alpha:$$

d'où l'on tire : $X = R \cos. \alpha$.

En nommant de même β et γ les angles que la résultante fait respectivement avec les composantes Y et Z, on trouvera : $Y = R \cos. \beta$, $Z = R \cos. \gamma$: d'où il suit qu'on trouvera les valeurs des trois composantes respectives, en multipliant la résultante par les cosinus respectifs des trois angles que sa direction forme avec les directions de ces composantes.

Remarque.

46. Puisqu'on a trouvé $R^2 = X^2 + Y^2 + Z^2$ en substituant pour X, Y, Z leurs valeurs respectives $R \cos. \alpha$, $R \cos. \beta$, $R \cos. \gamma$; on aura :

$$R^2 = R^2 \cos.^2 \alpha + R^2 \cos.^2 \beta + R^2 \cos.^2 \gamma :$$

ou bien :

$$R^2 = R^2 (\cos.^2 \alpha + \cos.^2 \beta + \cos.^2 \gamma)$$

d'où, $\cos^2\alpha + \cos^2\beta + \cos^2\gamma = 1$

relation connue qui a toujours lieu entre les angles que fait une droite avec trois axes rectangulaires dans l'espace.

SECTION II.

COMPOSITION ET DÉCOMPOSITION DES COUPLES.

47. Pour abréger le discours, nous appellerons *couple* l'ensemble de deux forces, telles que P et —P, égales, parallèles et contraires, mais non appliquées au même point. La perpendiculaire commune AB, menée entre les directions des deux forces, sera *le bras de levier* du couple ; et le produit P × AB de l'une des forces par le bras du levier, en sera nommé *le moment*.

Quelle que soit l'action de deux forces telles que P et —P, sur le corps auquel elles sont appliquées, nous avons vu (32) que cette action ne peut être contrebalancée par celle d'aucune simple force appliquée comme on voudra au même corps; et que par conséquent l'effort d'un couple ne peut être comparé d'aucune manière à une simple force. Pour distinguer cette nouvelle cause de mouvement, qui est en quelque sorte d'une nature particulière, on pourrait l'appeler *énergie*. Au reste, comme on verra tout-à-l'heure que l'*énergie* d'un couple est mesurée par son *moment*, on pourra souvent substituer ce second mot au premier ou les prendre quelquefois l'un pour l'autre.

La composition des couples formera la seconde partie essentielle des principes de notre Statique, et se reproduira dans le cours de cet ouvrage presque aussi souvent que la composition des forces. On en verra bientôt dériver les lois de l'équilibre d'une manière si naturelle et si simple, que l'on nous pardonnera d'avoir paru nous arrêter ici à l'examen d'un cas singulier, lorsque nous tendions peut-être le plus directement possible vers le but principal.

Ce que nous allons dire sur les couples est tout-à-fait indépendant de l'effet qu'ils produisent sur les corps; mais lorsqu'on voudra se faire une idée des sens respectifs de différens couples situés dans le même plan, on pourra se représenter que les milieux de leurs bras de levier sont fixes: alors l'effet de chaque couple sera visiblement de faire tourner le corps autour du milieu de son bras de levier, et l'on distinguera facilement le sens des couples, en distinguant les couples qui tendent à faire tourner dans un sens, d'avec ceux qui tendent à faire tourner dans le sens contraire. Mais ne perdons pas de vue qu'il n'y aura réellement aucun point fixe, à moins que nous n'en avertissions expressément, et que l'idée de rotation qui est purement accessoire ne servira qu'à faire image au besoin.

48. Nous avons vu plus haut qu'une force peut être transportée en un point quelconque de sa direction, pourvu que ce point soit lié au premier d'une manière invariable : voici une proposition analogue pour les couples, qui n'est pas moins remarquable que la première, et dont nous ferons le plus grand usage par la suite.

Lemme.

49. *Un couple quelconque peut être transporté partout où l'on voudra dans son plan, ou dans tout autre plan parallèle, et tourné comme on voudra dans ce plan, sans que son effet sur le corps auquel il est appliqué en soit changé, pourvu qu'on suppose le nouveau bras de levier invariablement attaché au premier.*

Pour démontrer plus facilement cette proposition, nous la décomposerons en deux autres.

Fig. 18. Soit d'abord le couple $(P, -P)$ appliqué perpendiculairement sur AB ; prenons où l'on voudra, dans le plan de ce couple ou dans tout autre plan parallèle, la droite CD égale et parallèle à AB : joignons AD et BC qui seront dans un même plan, et se couperont visiblement au milieu I de leurs longueurs respectives ; et supposons enfin les droites AB et CD liées entre elles d'une manière invariable.

Si l'on applique sur la ligne CD, parallèlement aux forces P et $-P$, deux couples contraires $(P', -P')$, $(P'', -P'')$, égaux entre eux et au couple proposé $(P, -P)$, il est évident que ces deux couples se détruiront d'eux-mêmes, et que par conséquent l'effet du couple $(P, -P)$ ne sera pas changé ; mais, d'un autre côté, il est facile de voir que les deux couples $(P, -P,)$ et $(P'', -P'')$ se détruisent aussi d'eux-mêmes ; car le point I étant à la fois le milieu des deux lignes AD et BC, les deux forces égales et parallèles P et P'', appliquées sur AD, donnent une résultante parfaitement égale et opposée à la résultante des deux forces $-P$ et $-P''$, appliquées sur BC. On peut donc supprimer les deux couples $(P, -P)$, $(P'', -P'')$; et il ne reste plus que le couple $(P', -P')$ appliqué sur CD, lequel n'est autre chose que le couple primitif qu'on aurait pour ainsi dire transporté parallèlement à lui même, de manière que son bras de levier AB fût venu dans la position parallèle CD.

Soit, en second lieu, le couple (P, —P) Fig. 19. appliqué perpendiculairement sur AB. Tirons dans le plan de ce couple, sous un angle quelconque avec AB, la droite CD=AB, et supposons que ces deux droites se coupent au milieu I de leurs longueurs respectives, et soient invariablement fixées entre elles.

Si l'on applique à angle droit sur CD, deux couples contraires P'—(P'), (P"—P") égaux entre eux et au couple proposé (P, —P), ces deux couples se détruiront d'eux-mêmes, et par conséquent l'effet du couple (P,—P) ne sera pas changé. Mais, d'un autre côté, les deux couples (P,—P), (P",—P"), se détruisent aussi d'eux-mêmes : car, avec un peu d'attention, on voit que les deux forces égales P et —P" qui se rencontrent en G, donnent une résultante égale et directement opposée à la résultante des deux forces —P et P" qui se rencontrent en H. On peut donc supprimer les deux couples (P,—P), (P",—P"), et il ne reste plus que le couple (P',—P') appliqué sur CD, lequel n'est, pour ainsi dire, que le couple primitif qu'on aurait tourné dans son plan, de manière que son bras de levier AB fût venu dans la position oblique CD.

De ces deux propositions réunies, on peut conclure qu'un couple quelconque, sans que son effet soit changé, peut être transporté dans son plan ou dans tout autre plan parallèle, dans telle position qu'on voudra : car on peut d'abord le transporter parallèlement à ses forces dans le plan donné, de manière que le milieu de son bras de levier tombe au point donné qu'on voudra, et l'on peut ensuite le tourner autour de ce point, de manière à l'amener dans la position donnée : ou, réciproquement, on peut le tourner d'abord dans son plan, de manière que ses forces deviennent parallèles aux nouvelles directions qu'on veut leur donner, et ensuite le transporter immédiatement dans la position donnée.

Transformation des couples; leur mesure.

Lemme.

Fig. 20.   50. U$_N$ *couple quelconque* (P,—P) *appliqué sur un bras de levier* AB, *peut être changé en un autre* (Q,—Q) *de même sens, appliqué sur un bras de levier* BC *différent du premier, pourvu qu'on ait* : P : Q :: BC : AB, *ou* $P \times AB = Q \times BC$, *c'est-à-dire, pourvu que les moments de ces couples soient égaux.*

Prenons en effet sur le prolongement de AB une partie quelconque BC, et appliquons sur BC parallèlement aux forces P et —P, deux couples $(Q, -Q), (Q', -Q')$ égaux et contraires : leur effet sera absolument nul ; et par conséquent celui du couple $(P, -P)$ ne sera pas changé. Mais, d'un autre côté, si l'on suppose que les forces P et Q, et par conséquent P et Q', sont en raison inverse des lignes AB et BC, leur résultante qui est égale à $P + Q'$, passe en B, et détruit évidemment les forces contraires $-P - Q'$ qui s'y trouvent. On peut donc supprimer les quatre forces $P, Q', -P, -Q'$, et il ne reste plus que le couple $(Q, -Q)$ appliqué sur BC, lequel remplace le couple proposé $(P, -P)$ appliqué sur AB.

Corollaire.

51. Il n'est pas difficile de conclure delà que les énergies des couples sont proportionnelles à leurs moments.

En effet, l'on peut voir d'abord que les énergies de deux couples $(P, -P), (Q, -Q)$, qui agissent sur des bras de levier égaux AB, CD, sont entre elles comme les forces P et Q

Fig. 21.

de ces couples ; car si l'on suppose les forces P et Q entre elles, comme deux nombres entiers, comme 5 et 3 par exemple, en partageant chaque force P et — P en 5 forces égales, et chaque force Q et — Q en 3 forces égales entre elles et aux premières, on pourra considérer le couple $(P, -P)$ comme la somme de 5 couples égaux et de même sens, appliqués parfaitement l'un sur l'autre, et le couple $(Q, -Q)$ comme la somme de 3 couples égaux entre eux et aux premiers, aussi appliqués l'un sur l'autre. Les énergies des couples $(P, -P)$, $(Q, -Q)$, seront donc entre elles comme 5 à 3, ou comme P à Q. Si les forces P et Q sont incommensurables, on fera le raisonnement connu, etc.

Maintenant soient deux couples quelconques $(P, -P)$, $(Q, -Q)$; soit p le bras de levier du premier, et q le bras de levier du second : le couple $(Q, -Q)$ agissant sur la ligne q, est équivalent au couple $\left(\frac{q}{p}Q, -\frac{q}{p}Q\right)$, qui agirait sur la ligne p; car les moments sont égaux de part et d'autre, le premier étant Qq, et le second, $\frac{q}{p}Q \cdot p = Qq$. Ainsi, au lieu des deux couples proposés, on a ces deux-ci,

$(P, -P)$, $\left(\dfrac{q}{p}Q, -\dfrac{q}{p}Q\right)$ qui ont un même bras de levier p. Mais les énergies M et N de ces deux couples sont entre elles comme leurs forces, et par conséquent l'on a : $M : N :: P : \dfrac{q}{p}Q$, ou bien $M : N :: Pp : Qq$.

52. Puisque les énergies de deux couples sont entre elles dans le rapport de leurs moments, il s'ensuit que le moment d'un couple est la mesure de son énergie : car si l'on prend pour unité d'énergie, celle d'un couple composé de deux forces égales à l'unité de force, appliquées sur un bras de levier égal à l'unité de ligne, l'énergie du couple $(P, -P)$ au bras de levier p, contiendra autant de fois l'unité d'énergie, que le moment $P \times p$ contiendra le moment 1×1, c'est-à-dire, contiendra l'unité.

Remarque.

53. Pour comparer entre elles les énergies des couples, on pourrait prendre aussi, au lieu des produits Pp, Qq, des forces par leurs bras de levier rectangulaires, les produits de ces mêmes forces par des bras de levier obliques sur leurs directions. Mais il faudrait pour tous les couples que les bras de levier fissent le même angle avec les forces. Il est clair qu'alors les

bras de levier obliques seraient tous proportionnels aux bras de levier rectangulaires, et que par conséquent les nouveaux moments seraient proportionnels aux premiers.

Nous employerons quelquefois ces nouveaux moments dans la mesure relative de différents couples; mais nous regarderons toujours les autres comme la mesure absolue de leurs énergies.

Composition des couples situés dans un même plan, ou dans des plans parallèles.

Théorème I.

54. DEUX *couples situés, comme on voudra, dans le même plan ou dans des plans parallèles, se composent toujours en un seul, qui est égal à leur somme, s'ils tendent à faire tourner dans le même sens, ou égal à leur différence, s'ils tendent à faire tourner en sens contraires.*

En effet, on peut d'abord ramener ces deux couples dans un même plan, ensuite ramener leurs forces au parallélisme, enfin les changer en deux autres équivalents qui auraient un même bras de levier, et alors les appliquer l'un sur l'autre.

Soient P et Q, les forces composantes des deux couples; p et q, leurs bras de levier respectifs; et soit D, la longueur du bras de levier commun aux deux couples transformés. Au lieu du moment Pp du couple $(P, -P)$ on substituera le moment équivalent d'un couple $(P', -P')$, tel qu'on aurait $P'D = Pp$. On substituera de même à la place du moment Qq, le moment $Q'D$ d'un couple équivalent; et ces deux couples transformés étant appliqués l'un sur l'autre sur le même bras de levier D, on aura un couple unique résultant:

$[(P'+Q'), -(P'+Q')]$ dont le moment sera $(P'+Q')D$ ou $P'D+Q'D = Pp+Qq$.

Ainsi le moment résultant sera égal à la somme des moments composants, ou bien à leur différence, selon que les forces P' et Q' qui agiront à la même extrémité du bras de levier D, seront de même sens ou de sens contraires.

Corollaire.

On voit donc, en combinant ainsi les couples deux à deux, que tant de couples qu'on voudra, situés d'une manière quelconque dans un même plan ou dans des plans parallèles, se réduiront toujours à un seul égal à la somme de ceux qui tendent à faire tourner dans un sens, moins la somme de ceux qui tendent à faire tourner dans le sens contraire.

Composition des couples situés dans des plans quelconques.

Théorème II.

Fig. 22.   55. *Deux couples situés, comme on voudra, dans deux plans qui se coupent sous un angle quelconque, se composent toujours en un seul.*

Et si l'on représente les moments de ces couples par les longueurs respectives de deux droites tirées sous un angle égal à celui des deux plans, et qu'on achève le parallélogramme, le moment du couple résultant sera représenté par la diagonale de ce parallélogramme, et le plan de ce couple partagera l'angle que font entre eux les plans des couples composants, comme la diagonale du parallélogramme partage l'angle que font les deux côtés adjacents.

Soient en effet les deux couples proposés, situés dans les deux plans AGM, AGN, qui se rencontrent suivant AG ; et supposons qu'on ait d'abord changé ces deux couples en deux autres respectivement équivalents, qui auraient un même bras de levier.

En quelque lieu que soit situé le couple (P,—P) dans le plan AGM, on pourra le ramener dans ce plan à angle droit sur l'intersection AG, de manière que son bras de levier AB tombe sur l'intersection AG (49). De même, en quelque lieu que soit situé le couple (Q,—Q) dans le plan AGN, on pourra le ramener aussi à angle droit sur la même intersection, et de manière que son bras de levier, égal au premier, coïncide avec lui en AB.

Alors les deux forces P et Q appliquées en A, se composeront en une seule R appliquée au même point A, et représentée par la diagonale AR du parallélogramme construit sur les deux lignes AP, AQ, qui représentent les forces P et Q. Les deux forces — P, — Q appliquées en B, se composeront aussi en une seule — R appliquée en B, parfaitement égale, parallèle et contraire à la première ; et l'on aura, au lieu des deux couples (P,—P),(Q,—Q), le couple unique (R,—R) appliqué sur le même bras de levier AB.

Puisque ces trois couples ont un même bras de levier, leurs énergies respectives sont proportionnelles aux valeurs des trois forces P, Q, R. Donc, si l'on représente les énergies des deux couples composants, par les deux lignes AP, AQ qui leur sont proportionnelles, l'énergie du couple résultant sera représentée par la diagonale AR du parallélogramme APRQ construit sur ces lignes. Or, il est visible que les angles formés par les trois lignes AP, AQ, AR, mesurent les angles que font les trois plans : donc le plan du couple résultant partage l'angle des deux autres plans, comme la diagonale AR partage l'angle PAQ des deux côtés adjacents AP, AQ. Donc, etc.

Corollaire I.

56. On pourra donc toujours réduire à un seul tant de couples que l'on voudra, appliqués à un corps d'une manière quelconque dans l'espace : car, en les composant successivement deux à deux, comme nous venons de faire, on arrivera nécessairement à un couple unique dont on connaîtra le plan et l'énergie, et qui sera équivalent à tous les autres.

Corollaire II.

57. On peut aussi décomposer un couple en deux autres situés dans deux plans donnés, pourvu que ces plans et celui du couple proposé se rencontrent suivant une même droite, ou suivant des droites parallèles ; (car en transportant le plan de l'un de ces couples paral-

lèlement à lui-même, ce qui est permis (49), on rassemblerait leurs trois intersections parallèles en une seule).

Pour opérer cette décomposition, on n'aura qu'à suivre dans l'ordre inverse le procédé que nous venons de donner pour la composition de deux couples ; ou bien l'on s'y prendra de cette manière qui est très-simple, et dont nous nous servirons quelquefois.

58. Soit AZ la commune intersection des trois plans : menons à volonté un plan YAX qui les coupe suivant les trois lignes respectives AY, AV, AX; et soit ZAV le plan du couple proposé.

Fig. 23.

De quelque manière que ce couple (P,—P) soit situé dans le plan ZAV, on peut le placer de manière que ses forces soient parallèles à l'intersection AZ, et que la direction de l'une d'elles, comme de la force — P, coïncide avec cette même intersection. Alors la direction de l'autre force P rencontrera quelque part en B la droite AV, et l'on aura le couple (P,—P) appliqué d'une manière quelconque sur AB, comme on le voit dans la figure. Maintenant formons, suivant les directions AY, AX, avec AB comme diagonale, le parallélogramme BCAD; et à l'un des angles C ou D, en D par exemple, appliquons deux forces contraires P', $-P'$, égales et parallèles aux forces P et $-P$ du couple proposé. L'effet de ce couple ne sera pas changé. Mais actuellement, au lieu du couple (P, $-P$) appliqué sur la diagonale AB, on peut en considérer deux autres : l'un (P', $-P$) appliqué sur le côté AD dans l'un des plans donnés ZAY : l'autre (P, $-P'$), appliqué sur BD parallèlement à l'autre plan ZAX. Or, ce couple peut être transporté parallèlement à lui-même dans ce plan ZAX, sur le côté AC=BD; et l'on aura alors, au lieu du couple (P, $-P$) appliqué sur la diagonale AB, deux couples (P', $-P$), (P, $-P'$), composés de forces égales et parallèles aux premières, appliqués dans les deux plans donnés sur les côtés AD, AC.

Remarque.

59. Si l'on supposait que le plan YAX est mené perpendiculairement à la commune intersection AZ des plans des trois couples, les forces de ces couples seraient perpendiculaires aux lignes AY, AV, AX; et comme ces forces sont égales, les moments des couples seraient proportionnels à leurs bras de levier AD, AB, AC; et d'après ce que nous venons de dire, on retomberait sur la proposition pré-

cédente, n° (55); ce qui fournit, comme on voit, une nouvelle démonstration de cette proposition.

Manière plus simple d'exprimer les Théorèmes qui concernent la composition des Couples.

60. Au lieu de déterminer la position d'un couple par celle de son plan, on peut aussi la déterminer par la direction d'une droite quelconque perpendiculaire à ce plan, et que l'on pourra nommer *l'axe du couple*. Puisqu'un couple peut être supposé appliqué où l'on voudra dans son plan, ou dans tout plan parallèle (49), il est visible que l'on connaîtra la position d'un couple dans l'espace, lorsque l'on connaîtra la direction de son axe ; car en élevant où l'on voudra sur cet axe un plan perpendiculaire, ce plan pourra être pris pour celui du couple proposé.

Au moyen de cette remarque, nous exprimerons plus commodément dans le discours et dans le calcul, le théorème que nous venons de démontrer, et celui que nous y ajouterons.

61. Soit le parallélogramme ALGM, et Fig. 24. concevons suivant les deux côtés AL, AM, et suivant la diagonale AG, trois plans

élevés perpendiculairement sur le plan de ce parallélogramme. Nous venons de voir (58) que s'il y a dans les deux premiers deux couples dont les moments respectifs soient représentés par les deux côtés AL, AM, ces deux couples se composeront en un seul situé dans le troisième plan, et dont le moment sera représenté par la diagonale AG.

Or, si par le point A et dans le plan du parallélogramme, on tire trois lignes AL′, AG′, AM′, perpendiculaires aux trois lignes respectives AL, AG, AM, il est facile de voir que ces trois lignes seront respectivement perpendiculaires aux plans des trois couples, qu'elles feront entre elles les mêmes angles que les trois lignes AL, AG, AM, et que par conséquent, si l'on prend AL′=AL, AG′=AG, AM′=AM, on formera un parallélogramme A L′G′M′ parfaitement égal au premier ALGM.

Donc l'on pourra dire, que si deux couples situés dans deux plans respectivement perpendiculaires aux deux côtés d'un parallélogramme AL′G′M′, sont représentés en grandeurs par les longueurs respectives AL′, AM′ de ces côtés ; le couple résultant sera situé dans un plan perpendiculaire à la diagonale, et représenté en grandeur par la longueur AG′ de cette diagonale.

Ou plus simplement :

Deux couples représentés, pour leurs axes et pour leurs grandeurs, par les deux côtés d'un parallélogramme, se composent en un seul représenté, pour son axe et pour sa grandeur, par la diagonale de ce parallélogramme.

62. On voit ici par un raisonnement tout-à-fait semblable à celui du n° (37), que deux couples qui agissent dans des plans qui se coupent, ou qui ne sont pas parallèles, ne peuvent jamais donner un couple résultant nul, à moins qu'ils ne soient nuls tous les deux à la fois.

Remarque.

63. Lorsque les plans des deux couples composants sont rectangulaires entre eux, les deux perpendiculaires à ces plans, ou les deux axes AL', AM', sont aussi rectangulaires, et l'on a dans le rectangle $AL'G'M'$, $\overline{AG'}^2 = \overline{AL'}^2 + \overline{AM'}^2$; de plus, si l'on nomme α et β les angles que fait la diagonale AG' avec les deux côtés adjacents AL', AM', on a $AL' = AG' \cos \alpha$, $AM' = AG' \cos \beta$.

Donc, en désignant simplement les trois moments respectifs par les lettres L, M, G, on a pour le moment $G : G^2 = L^2 + M^2$, d'où $G = \sqrt{L^2 + M^2}$, et pour les angles que son axe fait avec les axes de deux autres, $L = G \cos. \alpha$, $M = G. \cos. \beta$, d'où :

$$\cos. \alpha = \frac{L}{G}, \cos. \beta = \frac{M}{G}.$$

Théorème III.

64. *TROIS couples représentés, pour leurs axes et pour leurs grandeurs, par les trois arrêtes contiguës d'un parallélépipède, se composent toujours en un seul représenté, pour son axe et pour sa grandeur, par la diagonale de ce parallélépipède.*

Fig. 25. Soit en effet A....G le parallélépipède, AL, AM, AN, les côtés qui représentent à la fois les axes et les moments des trois couples.

Les deux couples représentés par les deux côtés AL, AM du parallélogramme ALOM, se composeront en un seul, représenté pour son axe et pour sa grandeur par la diagonale AO de ce parallélogramme. Maintenant ce couple, et le troisième représenté par AN, se composeront en un seul représenté par la diagonale AG du parallélogramme ANGO. Or cette diagonale est en même temps celle du parallélépipède : donc, etc.

65. On voit encore ici, par le même raison-

nement que celui du n° (42), que si trois couples agissent dans trois plans qui forment un angle solide ou qui se coupent en un point unique, ils ne peuvent jamais avoir un couple résultant nul, à moins qu'ils ne soient nuls en même temps tous les trois.

Remarque.

66. Lorsque le parallélépipède est rectangulaire, en nommant L, M, N, les moments composants, et G le moment résultant, on a manifestement : $G^2 = L^2 + M^2 + N^2$.

En désignant par λ, μ, ν, les trois angles que la diagonale, ou plutôt que l'axe du couple résultant fait avec les trois axes des couples composants, on a :

$L = G \cos. \lambda$, $M = G \cos. \mu$, $N = G. \cos. \nu$.
d'où :

$$\cos. \lambda = \frac{L}{G}, \quad \cos. \mu = \frac{M}{G}, \quad \cos. \nu = \frac{N}{G}.$$

Donc s'il s'agit de calculer le moment résultant G des trois moments L, M, N, dont les axes sont rectangulaires, on aura pour sa valeur, $G = \sqrt{L^2 + M^2 + N^2}$, et pour les angles

λ, μ, ν, que son axe fait avec les trois axes des moments composants :

$$\text{Cos. } \lambda = \frac{L}{\sqrt{L^2+M^2+N^2}},$$
$$\text{Cos. } \mu = \frac{M}{\sqrt{L^2+M^2+N^2}},$$
$$\text{Cos. } \nu = \frac{N}{\sqrt{L^2+M^2+N^2}}.$$

S'il s'agit, au contraire, de décomposer un couple G en trois autres situés dans trois plans rectangulaires entre eux, ou dont les trois axes soient rectangulaires, on aura, pour les valeurs respectives des moments composants, $L = G \cos. \lambda, M = G \cos. \mu, N = G \cos. \nu$; λ, μ, ν, étant les trois angles que l'axe du couple donné fait avec ceux des couples composants cherchés.

67. Au reste, nous ne nous arrêterons pas sur ces détails : nous remarquerons seulement qu'entre les sept quantités L, M, N, G, cos. λ, cos. μ, cos. ν, on a quatre équations qui sont : $G^2 = L^2 + M^2 + N^2$, $L = G \cos. \lambda$, $M = G \cos. \mu$, $N = G \cos. \nu$, au moyen desquelles, connaissant d'ailleurs trois de ces quantités, on pourra déterminer les quatre autres.

Il faut pourtant excepter le cas où l'on ne connaîtrait que les trois angles λ, μ, ν; alors

DE STATIQUE. 65

on ne pourrait obtenir que les rapports des moments L, M, N, G.

Conclusion générale de ce chapitre.

Composition des Forces dirigées comme on voudra dans l'espace.

68. Soient tant de forces que l'on voudra P, P$_\prime$, P$_{\prime\prime}$ etc. appliquées d'une manière quelconque dans l'espace, à un corps ou système libre.

Je considère d'abord l'une d'elles, la force P, par exemple, qui est appliquée au point B. Ensuite, au point A, arbitrairement pris dans ce corps, ou au-dehors (pourvu qu'on l'y suppose invariablement fixé), j'applique deux forces contraires P, — P′ égales et parallèles à la force P. Il est clair que je n'ai rien changé à l'état du système. Mais, je puis considérer maintenant, au lieu de la force P appliquée en B, la force P′ appliquée en A, et le couple (P, — P′) agissant sur la droite AB. Si, pour plus de clarté, on transporte ce couple ailleurs dans un plan quelconque parallèle au sien, il ne restera au point A que la force P′ égale et parallèle à la force P, et qui n'est, en quelque

Fig. 26.

5

sorte, que cette même force P qu'on aurait transportée parallèlement à elle-même de B en A.

Si l'on fait la même transformation pour toutes les forces du système à l'égard du même point A, il est manifeste que toutes ces forces viendront s'y réunir parallèlement à elles-mêmes, mais qu'il y aura de plus dans le système autant de couples appliqués provenants de chaque transformation. Or, toutes les forces appliquées au point A se composeront en une seule R, et tous les couples en un seul couple (S,—S) appliqué sur une certaine droite BC.

Fig. 27.

Ce qui nous apprend que *tant de forces que l'on voudra appliquées d'une manière quelconque à un corps, peuvent toujours se réduire à une seule force et à un couple unique, lesquels seront en général situés dans des plans différents.*

Observons, en passant, que la quantité, la direction et le sens de la résultante R seront toujours les mêmes, en quelque lieu qu'on ait pris le point A. En variant la position de ce point, la résultante R ne fera que se transporter parallèlement à elle-même en différents lieux de l'espace; mais le plan et l'énergie du couple résultant (S,—S) changeront nécessairement.

Corollaire I.

Qui contient les lois de l'équilibre de tout système libre.

69. Un couple ne pouvant jamais être tenu en équilibre par aucune simple force dirigée comme on voudra dans l'espace, il résulte de ce que nous venons de dire qu'il ne pourra jamais y avoir équilibre dans le système, à moins que la résultante R des forces ne soit nulle d'elle-même, et que le moment du couple résultant $(S, -S)$ ne soit aussi nul de lui-même.

Ainsi, *toutes les forces appliquées au système, étant transportées parallèlement à elles-mêmes en un point quelconque du système ou de l'espace, doivent s'y faire équilibre entre elles ; et tous les couples qu'elles produisent en se transportant en ce point, doivent aussi se faire équilibre entre eux.*

Remarque.

70. Telles sont, pour un système libre quelconque, de forme invariable, les deux conditions d'équilibre nécessaires et suffisantes, c'est-à-dire, sans lesquelles l'équilibre ne pourra

subsister, et telles qu'il aura manifestement lieu, si elles sont remplies.

Pour développer ces deux conditions, il faudra remonter à la valeur de la résultante R, et à la valeur du couple résultant $(S,-S)$, en conservant les lois qui lient la résultante à ses composantes, et le couple résultant aux couples composants; faire ensuite la force R et le couple $(S,-S)$ tous deux nuls, et voir quelles relations cela établit entre les forces primitives appliquées au système. On obtiendra de cette manière les conditions de l'équilibre, exprimées au moyen des seules forces données immédiatement par l'état de la question; ce qui est la solution du problème que nous avions en vue.

Mais tous ces développements qui, d'après les principes posés ci-dessus, ne sont plus qu'une affaire de géométrie et de calcul, feront l'objet du chapitre suivant.

Corollaire II.

Qui contient les conditions nécessaires pour que toutes les forces appliquées au système aient une résultante unique, lorsqu'elles ne se font pas équilibre.

71. Toutes les forces appliquées au système

étant ramenées, ainsi que nous venons de le voir, à une seule force et à un couple, supposons que cette force R et le couple (S,—S) puissent se réduire à une seule force, ou, si l'on veut, qu'une force unique R' fasse équilibre au couple (S,—S) et à la force R.

Puisqu'il y a équilibre entre les deux forces R, R' et le couple (S,—S), je dis que les deux forces R et R' doivent former un couple contraire et équivalent au couple (S,—S), et situé dans le même plan, ou dans un plan parallèle, ce qui est ici la même chose.

Car il ne peut arriver que trois cas : ou les deux forces R et R' seront susceptibles de se réduire à une seule, et alors cette force ne pourra faire équilibre au couple (S,—S); ou elles se réduiront à une seule avec un couple, et alors ce couple et le proposé (S,—S) se réduiront à un seul, qui ne pourra pas être en équilibre avec la force : ou bien enfin, elles se réduiront à un seul couple, et c'est le seul cas qui puisse arriver.

Il faut donc au moins que les deux forces R et R' forment ensemble un couple. Mais pour que ce couple fasse équilibre au couple (S,—S), il est nécessaire qu'il soit situé dans le même plan ou dans un plan parallèle, sans quoi ces deux couples se composeraient toujours en un seul qui ne pourrait jamais être nul (62), et il n'y aurait pas équilibre. Donc la direction de la résultante R doit être parallèle au plan du couple résultant (S,—S); et par conséquent, *toutes les forces appliquées au système ne pourront jamais se réduire à une seule, à moins que la résultante de ces forces transportées parallèlement à elles-mêmes en un même point, n'ait une direction parallèle au plan du couple résultant ; et cela, en quelque lieu de l'espace qu'on ait pris d'abord le point où l'on a transporté toutes les forces.*

Cette condition est nécessaire, et il est clair qu'elle suffit en général ; car, à moins que la résultante R ne soit nulle, on sera toujours maître d'appliquer au système une force R' qui soit égale, parallèle et opposée à la force R, et qui forme avec elle un couple (R,—R) de sens contraire à l'égard du couple (S,—S), et d'un moment équivalent. Cette force estimée en sens contraire sera la résultante générale.

Au reste, on pourra prendre immédiatement cette résultante ; car si la force R appliquée en A est parallèle au plan du couple (S,—S), on pourra amener ce couple dans un même plan avec la force R, et alors les trois forces R, S et —S étant dans le même plan se composeront toujours en une seule qui sera la résultante unique de toutes les forces.

72. Dans le cas où la force R est égale à zéro, il n'y a point de résultante unique. Car toutes les forces du système sont réduites au seul couple (S, —S) qui ne peut jamais se réduire à une seule force. Ainsi, à la condition précédente qui exige que la force R soit parallèle au plan du couple (S, —S), on pourrait joindre encore celle-ci, comme condition particulière : que la force R ne soit pas égale à zéro, à moins qu'il n'y ait équilibre, auquel cas la force résultante et le couple résultant étant tous deux nuls, on pourrait dire qu'il y a une résultante unique qui est zéro, et qui a d'ailleurs telle direction et telle position qu'on veut dans l'espace.

Remarque I.

73. Lorsque le couple résultant (S, —S) et la force R ne sont pas dans des plans parallèles, il n'y a jamais de résultante unique. Seulement en transportant le couple (S, —S), parallèlement à son plan, on peut amener l'extrémité B ou C de son bras de levier sur le point A, et alors les deux forces R et S appliquées en A se composent en une seule T ; et toutes

Fig. 28.

les forces du système sont réduites à deux autres T et — S non situées dans le même plan.

Ce qui nous fait voir d'abord que *tant de forces que l'on voudra dirigées arbitrairement dans l'espace, peuvent toujours se réduire à deux au plus, non situées dans le même plan.*

Et de plus, que *deux forces non situées dans le même plan, ne peuvent jamais avoir de résultante unique;* proposition qu'on regarde ordinairement comme évidente, mais qui a besoin d'être démontrée.

Remarque II..

74. Comme il paraît incontestable qu'un couple ne peut être en équilibre autour d'un point fixe, par exemple autour du milieu de son bras de levier, remarquons cette différence entre l'équilibre de plusieurs forces appliquées à un corps assujetti à tourner autour d'un point fixe, et l'équilibre de plusieurs couples qui seraient appliqués au même corps.

Dans le premier cas, il n'est pas nécessaire que les forces aient une résultante nulle d'elle-même; il suffit qu'elles aient une résultante qui passe par le point fixe où elle sera détruite.

Mais dans le second, il faut nécessairement

que les couples appliqués au corps donnent un couple résultant nul de lui-même, comme s'il n'y avait pas de point fixe dans le corps. Car, si ce couple n'est pas nul de lui-même, en le transportant, pour plus de clarté, de manière que le milieu de son bras de levier vienne tomber au point fixe, il est évident que ses deux forces ne pourront être en équilibre autour de ce point.

Et il est encore évident qu'elles ne seraient pas en équilibre, quand bien même il y aurait dans le corps un axe fixe; pourvu que le plan du couple ne passât point par cet axe, ou ne fût pas parallèle à sa direction, ce qui reviendrait au même (49).

Ainsi, *lorsque différents couples situés comme on voudra dans l'espace, sollicitent un corps ou système assujetti à tourner d'un point fixe, les conditions de l'équilibre sont absolument les mêmes que si le corps était parfaitement libre.*

Et la même chose a lieu dans le cas d'un axe fixe, si les couples appliqués sont tellement disposés qu'ils ne puissent jamais donner un couple résultant parallèle à cet axe ; ce qu'on ne peut assurer d'une manière générale que lorsque tous les couples sont dans des plans parallèles qui rencontrent l'axe fixe en le coupant.

CHAPITRE II.

DES CONDITIONS DE L'ÉQUILIBRE.

75. Nous venons de voir (68) qu'on peut transformer chaque force P qui agit sur un système en un certain point B, en une autre force P' égale, parallèle et de même sens, appliquée en un autre point A pris à volonté dans l'espace, et en un couple (P,—P) appliqué sur A B, et dont l'énergie est mesurée par le moment P × A I, A I étant une perpendiculaire abaissée du point A sur la direction de la force P. Que de cette manière, le système peut être considéré comme sollicité par la résultante de toutes les forces qui se seraient en quelque sorte transportées parallèlement à elles-mêmes au point A, et par le couple résultant de tous les couples qui naissent de ces transformations. Nous avons vu que pour l'équilibre, cette résultante et le moment du couple résultant doivent être nuls tous les deux à la fois.

Nous pourrions développer sur-le-champ ces deux conditions dans le cas général d'un corps ou système sollicité par tant de forces que l'on voudra dans l'espace, et déduire delà les conditions de l'équilibre dans tous les cas particuliers qui peuvent se présenter : mais, comme notre marche doit toujours être uniforme dans le courant de ce Chapitre, ou plutôt comme elle n'offrira qu'une même et continuelle application d'un même principe, nous aimons mieux passer en revue plusieurs questions simples, avant que de traiter la question générale. Cela nous fournira d'ailleurs l'occasion de répandre plusieurs propositions sur les moments dont on fait beaucoup d'usage dans la Statique.

Une fois parvenu au Théorème général de l'équilibre, on pourra s'y arrêter, et l'on y trouvera comprises toutes les propositions qui auront été précédemment expliquées.

I.

De l'équilibre des Forces parallèles qui sont situées dans un même plan.

76. SOIENT P, P', P'', etc. les différentes forces parallèles. D'un point A pris où l'on voudra dans leur plan, abaissons une perpendiculaire commune sur leurs directions, et qui les coupe aux points respectifs B, C, D, etc. Fig. 29.

Considérant d'abord la force P, j'applique au point A deux forces contraires P, — P, égales et parallèles à la première; ainsi, j'ai au lieu de la simple force P appliquée en B, une force égale et parallèle appliquée en A, et un couple $(P, -P)$ agissant sur AB et dont le moment est $P \times AB$. Je substitue de même au lieu de la force P' appliquée en C une force égale et parallèle et de même sens appliquée en A, et un couple $(P', -P')$ appliqué sur AC et dont le moment est $P \times AC$; de même pour la force P'', etc.

Si, pour plus de clarté, on transporte tous les couples ailleurs dans le même plan, il ne restera au point A que les forces P, P', P'', etc. égales et parallèles aux forces primitives appliquées en B, C, D, etc. et de même sens.

Or, pour qu'il y ait équilibre, il faut, 1° que la résultante des forces appliquées en A soit nulle d'elle-même. Mais, toutes ces forces agissant dans une même direction, leur résultante est égale à leur somme (1), et par conséquent, l'on aura :

$$P + P' + P'' + \text{etc.} = 0$$

première équation de l'équilibre.

2° Il faut que le moment résultant de tous

---

(1) Il faut prendre ce mot ici et ailleurs dans le sens de la remarque suivante (77).

les moments des couples soit aussi nul de lui-même; mais ce moment résultant est égal à la somme des moments composants, puisque tous les couples sont dans un même plan. Donc, en nommant pour abréger p, p', p'', etc. les bras de levier respectifs A B, A C, A D, etc. on aura :

$$P p + P' p' + P'' p'' + \text{etc.} = 0$$

seconde équation de l'équilibre.

Remarque.

77. Il est clair que dans la première équation, si l'on regarde les forces qui tirent dans un même sens comme positives, il faut regarder celles qui tirent dans le sens contraire comme négatives. Nous regarderons désormais comme positives les forces telles que P' qui tirent au-dessus de la droite A D, et par conséquent comme négatives les forces telles que P, P''.... qui tirent au-dessous; et de cette manière on pourra dire que la *somme* des forces doit être nulle pour l'équilibre.

Pour les signes des moments $P p$, $P' p'$..... de la seconde équation, il faut faire attention à deux choses, 1° au signe de la force; 2° au signe du bras de levier.

Supposons, en effet, que la force P sans cesser

d'agir du même côté du point A, vienne à changer de signe, il est clair que le couple nouveau qu'elle produira à l'égard du point A sera d'un sens contraire à celui du premier : ainsi, le moment Pp change de signe, lorsque la force P en change.

Concevons maintenant que la force P, sans changer de signe, vienne à agir au point B′ de l'autre côté du point A. Il est visible que le couple nouveau qu'elle produira à l'égard du point A sera d'un sens contraire à celui du premier, et par conséquent le moment Pp change de signe, lorsque le seul bras de levier p en change.

Donc en prenant les bras de levier tels que A B qui sont à droite du point A comme positifs, par exemple, il faudra prendre les bras de levier tels que A B′ qui tomberaient à gauche comme négatifs; et l'on pourra toujours dire que la somme des moments doit être nulle en donnant des signes convenables aux forces et aux bras de levier.

Corollaire.

78. Supposons que les forces P, P′, P″, etc. ne soient pas en équilibre, et soit R leur résultante, et par conséquent —R la force capable de leur faire équilibre.

Les deux équations précédentes devront avoir lieu si l'on y fait entrer la force $-R$. On aura donc d'abord :

$$P + P' + P'' + \text{etc.} - R = 0$$

ou bien :

$$R = P + P' + P'' + \text{etc.}$$

ce qui nous apprend que la résultante est égale à la somme des composantes, ce que nous savions déjà.

En second lieu, si l'on nomme r la distance de la résultante au point A, on aura :

$$Pp + P'p' + P''p'' + \text{etc.} - Rr = 0$$

ou bien :

$$Rr = Pp + P'p' + P''p'' + \text{etc.}$$

Ce qui nous fait voir que le produit de la résultante par sa distance r à un point quelconque A pris dans le plan des forces, est égal à la somme de tous les produits semblables des composantes par leurs distances respectives à ce même point.

En divisant cette équation par R, et mettant

à la place de cette quantité sa valeur $P + P' + P'' +$ etc., on aura :

$$r = \frac{Pp + P'p' + P''p'' + \text{etc.}}{P + P' + P'' + \text{etc.}}$$

Ce qui donnera la distance de la résultante au point A, et par conséquent fera connaître sa position, puisque l'on sait, d'ailleurs, qu'elle doit être parallèle aux composantes.

Remarque.

79. Les produits Pp, $P'p'$, etc. sont ce que l'on nomme ordinairement les moments des forces; mais on n'attache pas, au mot de moment, d'autre idée que celle d'un simple produit, qui résulte de deux nombres, dont l'un exprime la force et l'autre sa distance à un point : au lieu que le moment est pour nous la mesure d'une force particulière, c'est-à-dire, de l'énergie du couple qui provient de la force, lorsqu'on la transporte parallèlement à elle-même au point que l'on considère. Mais comme ici, et dans la plupart des ouvrages de Statique, le moment exprime une même quantité numérique, à la différence près de l'idée que nous y joignons, nous avons cru devoir conserver ce mot qui est

consacré par l'usage, et qui rend bien d'ailleurs notre idée, puisque le mot latin *momentum* d'où vient *moment*, veut dire aussi, *force*, ou plus exactement, *ce que vaut une force à raison de sa grandeur et de sa position.*

Au reste, lorsque nous ne voudrons parler que du simple produit numérique d'une force par sa distance à un point, à un axe perpendiculaire, ou à un plan parallèle à sa direction, nous dirons aussi le moment de la force par rapport au point, ou à l'axe, ou au plan parallèle : et cela n'introduira aucune équivoque dans le discours, puisque l'on pourra entendre, si l'on veut, par ce produit, le moment du couple qui naîtrait de la force transportée parallèlement à elle-même au point, ou sur l'axe, ou dans le plan parallèle.

De cette manière, l'équation précédente

$$R\,r = P\,p + P'\,p' + P''\,p'' + \text{etc.}$$

peut s'exprimer ainsi :

La somme des moments de tant de forces parallèles qu'on voudra, par rapport à un point quelconque de leur plan, est égale au moment de leur résultante par rapport au même point; ce qui est le Théorème connu des moments, pour les forces parallèles qui sont situées dans un même plan.

I I.

De l'équilibre des forces parallèles qui agissent sur différents points d'un corps dans l'espace.

Fig. 30. 80. Soient P, P′, P″, etc. les différentes forces parallèles. Je mène à volonté deux plans ZAY, ZAX parallèles aux directions des forces, et qui se coupent suivant AZ à angle droit l'un sur l'autre, pour plus de simplicité. Cela posé, considérant d'abord la force P appliquée en B, j'abaisse une perpendiculaire BH sur la commune intersection AZ et appliquant en H deux forces contraires P, —P égales et parallèles à la première, je considère au lieu de la force P appliquée en B, une force égale et parallèle et de même sens appliquée en H, et un couple (P, —P) agissant sur BH. Si l'on fait la même transformation pour les autres forces P′, P″, etc. et que, pour plus de clarté, on conçoive tous les couples transportés ailleurs, chacun dans son plan, il ne restera dans l'axe AZ que les forces P, P′, P″, etc. respectivement égales et parallèles aux forces primitives, et de même sens.

Or, la première condition de l'équilibre est que la résultante de toutes ces forces soit nulle d'elle-même ; et comme elles agissent dans une même droite, leur résultante est égale à leur somme; et par conséquent, il faut qu'on ait :

$$P + P' + P'' + \text{etc.} = 0$$

La seconde condition de l'équilibre est que le moment résultant de tous les moments des couples soit aussi nul de lui-même. Mais ce moment résultant ne se trouve pas comme tout à l'heure, en ajoutant les moments composants, car les couples ne sont pas dans un même plan ni dans des plans parallèles.

Pour l'obtenir, considérant d'abord le couple $(P, -P)$ que je suppose ramené dans sa première position sur BH, j'abaisse du point B deux perpendiculaires BG, BI sur les deux plans ZAY, ZAX; et, achevant le parallélogramme BGHI, je décompose le couple $(P, -P)$ appliqué sur la diagonale BH, en deux autres composés de forces égales, mais appliqués respectivement sur les deux côtés HI et GH (58); ainsi, en nommant x et y ces lignes, ou leurs égales BG et BI, le moment proposé $P \times BH$, sera décomposé en deux autres Px, Py situés dans les plans respectifs ZAX, ZAY.

Si l'on nomme de même x' et y' les deux perpendiculaires abaissées du point d'application de la force P' sur les deux plans, le moment du couple $(P', -P')$ pourra se décomposer dans ces deux plans en deux moments $P'x'$, $P'y'$; et ainsi de suite pour tous les couples.

Mais les moments qui sont dans le plan ZAX se réduiront à un seul L, égal à leur somme $Px + P'x' + P''x'' +$ etc.; tous ceux qui seront dans le plan ZAY se réduiront de même à un seul M égal à leur somme $Py + P'y' + P''y'' +$ etc., et ces deux moments résultants L et M se composeront enfin en un seul G qui sera le moment total. Donc il faudra, pour l'équilibre, qu'on ait $G = 0$. Mais les deux moments L et M, étant situés dans des plans qui se coupent, ne peuvent jamais donner un moment résultant nul, à moins qu'ils ne soient nuls, chacun en particulier (62); et partant la seconde condition générale de l'équilibre $G = 0$, exige ces deux équations : $L = 0$, $M = 0$, c'est-à-dire,

$$Px + P'x' + P''x'' + \text{etc.} = 0,$$
$$Py + P'y' + P''y'' + \text{etc.} = 0.$$

Ce qui nous fait voir que *pour l'équilibre d'un groupe de forces parallèles, il faut ces trois conditions particulières : que la somme de toutes les forces soit nulle, et que la somme de leurs moments par rapport à deux plans* parallèles à leurs directions, soit nulle d'elle-même pour chacun de ces plans.

Remarque.

81. Dans les équations précédentes, nous regarderons comme positives les forces qui tirent de bas en haut, et par conséquent comme négatives celles qui tirent dans le sens contraire.

Pour les signes des moments, il est clair qu'ils changent en même temps que ceux des forces. Mais d'un autre côté, si une force telle que P, sans changer de signe, vient à agir en B' de l'autre côté du plan ZAX, elle produira un couple d'un sens contraire à celui du premier; et par conséquent, le moment change encore de signe lorsque le seul bras de levier en change. Donc si, par rapport à un plan, on regarde les bras de levier qui tombent d'un côté, comme positifs, il faudra regarder ceux qui tombent de l'autre côté, comme négatifs; et l'on pourra toujours dire que la somme des moments est nulle, en donnant des signes convenables aux forces et aux bras de levier.

Corollaire I.

82. Supposons que les forces P, P', P'', etc. ne soient pas en équilibre. Soit R leur résul-

tante, et par conséquent — R la force capable de leur faire équilibre. Les trois équations précédentes devront avoir lieu en y introduisant la force — R. On aura donc d'abord,

$$R = P + P' + P'' + \text{etc.}$$

ce qui donne la valeur de la résultante.

Si l'on nomme ensuite p et q les distances respectives de cette résultante aux deux plans ZAY, ZAX, on aura :

$$R p = P x + P' x' + P'' x'' + \text{etc.},$$
$$R q = P y + P' y' + P'' y'' + \text{etc.};$$

d'où, en mettant pour R sa valeur, l'on tire :

$$p = \frac{P x + P' x' + P'' x'' + \text{etc.}}{P + P' + P'' + \text{etc.}},$$

$$q = \frac{P y + P' y' + P'' y'' + \text{etc.}}{P + P' + P'' + \text{etc.}},$$

ce qui donnera les distances de la résultante à deux plans, et fera connaître sa position dans l'espace. Car, si l'on mène aux deux distances trouvées, deux plans respectivement parallèles aux premiers, la direction de la résultante qui doit se trouver à la fois dans ces deux plans, ne sera autre chose que leur intersection même.

83. On voit que les équations précédentes nous fournissent ces deux conséquences, qu'on peut énoncer ainsi, conformément à l'usage :

La somme des moments de tant de forces parallèles que l'on voudra, par rapport à un plan quelconque parallèle à leurs directions, est égale au moment de leur résultante.

Et la distance de la résultante à ce plan est égale à la somme des moments des forces, divisée par la somme de toutes les forces.

Corollaire II.

Du centre des Forces parallèles.

84. Puisque le centre des forces parallèles est situé sur la direction de la résultante, il est clair que la distance de ce centre à un plan quelconque parallèle aux forces, se trouvera comme la distance de la résultante à ce plan, c'est-à-dire, en divisant la somme des moments, par rapport au plan, par la somme de toutes les forces.

Si l'on veut avoir ensuite la distance de ce centre à un plan quelconque, on concevra que les forces, sans changer de grandeurs, sans cesser d'être parallèles et de passer aux mêmes points, soient tournées toutes parallèlement à ce nouveau plan; et l'on aura pour cette seconde distance la somme des nouveaux moments divisée par la somme de toutes les forces.

On fera la même opération pour un troisième plan, et si l'on mène alors aux trois distances trouvées, trois plans respectivement parallèles aux trois premiers, le centre des forces devant se trouver à la fois dans ces trois plans, sera déterminé par leur intersection.

85. Si toutes les forces étaient égales et de même sens, l'expression

$$\frac{P x + P' x' + P'' x'' + \text{etc.}}{P + P' + P'' + \text{etc.}}$$

qui donne la distance du centre à un plan quelconque, deviendrait :

$$\frac{Px + Px' + Px'' + \text{etc.}}{P + P + P + \text{etc.}} = \frac{x + x' + x'' + \text{etc.}}{n},$$

n étant le nombre des forces parallèles.

Ainsi la distance du centre au plan serait égale à la somme des distances de tous les points d'application, divisée par leur nombre; ou, si l'on veut, égale à la moyenne distance de tous les points d'application. D'où l'on voit que dans le cas où les forces sont égales, le centre des forces est un point dont la position ne dépend plus que de la figure formée par les points d'application.

III.

De l'équilibre des Forces qui agissent dans un même plan suivant des directions quelconques.

86. Soient P', P'', P''', etc. les différentes forces situées d'une manière quelconque dans un même plan. D'un point quelconque A pris dans ce plan, abaissons sur leurs directions respectives des perpendiculaires AB, AC, AD, etc. qui les rencontrent en B, C, D, etc.; et nommons p', p'', p''', etc. ces perpendiculaires.

Fig. 31.

Il est clair que la force P' pourra se décomposer en une autre égale parallèle et de même sens appliquée en A, et en un couple dont le moment sera $P' \times AB$, ou $P'p'$. De même la force P'' se décomposera en une autre égale et parallèle et de même sens appliquée en A, et en un couple dont le moment sera $P'' \times AC$, ou $P''p''$; et ainsi de suite pour toutes les autres forces P''', etc.

Or, pour qu'il y ait équilibre, il faut que la résultante de toutes les forces appliquées en

A soit nulle d'elle-même, et que le moment résultant de tous les moments $P'p'$, $P''p''$, P''', p''', etc. soit aussi nul de lui-même.

Cette dernière condition est très facile à exprimer, car tous les couples étant dans un même plan, le couple résultant est égal à la somme des couples composants, et l'on a sur-le-champ :

$$P'p' + P''p'' + P'''p''' + \text{etc.} = 0$$

Pour exprimer l'autre condition, imaginons qu'on décompose les forces P', P'', P''', etc. appliquées en A, chacune en deux autres suivant deux lignes quelconques AX, AY qui se coupent en A dans le plan des forces. Nommons X' et Y' les deux composantes de P' suivant les axes respectifs AX, AY: de même, X'', Y''; X''', Y'''; etc.; les composantes analogues des autres forces P'', P''', etc. suivant les mêmes axes. Toutes les forces X', X'', X''', etc., étant dans une même droite AX, se composeront en une seule $X = X' + X'' + X''' + \text{etc.}$; de même les forces Y', Y'', Y''', etc. se composeront en une seule $Y = Y' + Y'' + Y''' + \text{etc.}$, et ces deux résultantes partielles se composeront en une seule R qui sera la résultante générale. Il faudra donc pour l'équilibre qu'on ait $R = 0$. Mais les deux forces X et Y agissant suivant deux lignes qui se coupent, ne peuvent donner une résultante nulle, à moins qu'elles ne soient nulles elles-mêmes chacune en particulier (37). Et par conséquent la condition R=o exige ces deux équations X=o, Y=o, c'est-à-dire :

$$X' + X'' + X''' + \text{etc.} = o$$
$$Y' + Y'' + Y''' + \text{etc.} = o.$$

Les forces P', P'', P''', etc. appliquées au point A étant parfaitement égales et parallèles aux forces primitives appliquées dans le plan, il est clair que les composantes X', Y'; X'', Y''; X''' Y''', etc. sont, pour la quantité, parfaitement les mêmes que si l'on avait décomposé les forces primitives P', P'', P''', etc., chacune en son lieu. Et par conséquent les conditions de l'équilibre entre tant de forces que l'on voudra situées dans un même plan, sont :

1° *Que la somme des forces décomposées parallèlement à deux axes qui se coupent dans le plan, soit nulle par rapport à chacun de ces axes.*

2° *Que la somme des moments des forces par rapport à un point quelconque du plan, soit nulle d'elle-même.*

87. Si l'on trouvait que la dernière condition

a lieu par rapport à un certain point connu, et que les deux autres ont aussi lieu par rapport aux directions de deux axes connus qu'on peut toujours supposer menés par ce point, il y aurait équilibre dans le système ; et, puisqu'il y aurait équilibre, les mêmes conditions auraient lieu par rapport à tous les points et à tous les axes possibles, pris dans le plan des *forces*.

Corollaire.

88. Les forces P', P", P''', etc. étant en équilibre, l'une d'elles, la force P', par exemple, est égale et directement opposée à la résultante de toutes les autres : donc, puisque l'on a l'équation,

$$P'p' + P''p'' + P'''p''' + \text{etc.} = 0,$$

ou bien,

$$-P'p' = P''p'' + P'''p''' + \text{etc.}$$

On peut dire : que *le moment de la résultante, par rapport à un point quelconque du plan des forces, est égal à la somme des momens des composantes par rapport au même point*. Ce qui donne le Théorème connu des moments.

Si le point, par rapport auquel on prend les moments, et qu'on nomme ordinairement *le centre des moments*, tombait sur la direction même de la résultante — P', la perpendiculaire p' serait nulle, par conséquent le moment —$P'p'$ serait nul aussi, et l'on aurait :

$$0 = P''p'' + P'''p''' + \text{etc.}$$

Ce qui nous fait voir que, par rapport à un point quelconque de la direction de la résultante, la somme des moments de tant de forces que l'on voudra situées dans un même plan, est toujours égale à zéro.

Remarque.

89. DANS l'équation

$$P'p' + P''p'' + P'''p''' \text{ etc.} = 0$$

qui exprime la seconde condition générale de l'équilibre, il faudra distinguer les moments des couples qui agissent dans un sens, d'avec les moments de ceux qui agissent dans le sens contraire, et leur donner des signes différents. Mais pour plus de clarté et de précision, nous

94 ÉLÉMENTS

allons reproduire cette équation sous une autre forme.

Manière plus simple de présenter les conditions précédentes.

Fig. 32.   90. Soient. B', B'', B''', etc. les points où les forces P', P'', P''', etc. sont immédiatement appliquées dans le plan. Soient x' et y' les deux coordonnées AG' et $G'B'$ du point B', par rapport aux deux axes quelconques AX, AY; x'' et y'' les deux coordonnées analogues du point B'', et ainsi de suite. Supposons que l'on décompose d'abord toutes les forces P', P'', P''', etc. parallèlement aux deux axes AX, AY : et nommant, comme plus haut, X' et Y' les deux composantes de P'; X'' et Y'' les deux composantes de P'', etc., ne considérons plus, au lieu des forces données P', P'', P''', etc., que les deux groupes X', X'', X''', etc., Y', Y'', Y''', etc.

D'abord les forces parallèles X', X'', X''', etc. étant transportées parallèlement à elles-mêmes dans l'axe AX, s'y composeront en une seule égale à leur somme. Les forces parallèles Y', Y'', Y''', etc. étant transportées de même dans l'axe AY, s'y composeront aussi en une seule égale à leur somme.

Ces deux résultantes partielles se composeront en une seule appliquée en A, et par la première condition générale de l'équilibre qui veut que cette résultante soit nulle, on aura, comme ci-dessus, les deux équations :

$$X' + X'' + X''' + \text{etc.} = 0$$

$$Y' + Y'' + Y''' + \text{etc.} = 0.$$

Il faut exprimer ensuite que la somme des moments des couples formés par toutes ces forces à l'égard du point A, est nulle d'elle-même. Mais en observant que l'axe AX fait avec les directions des forces Y', Y'', etc. des angles égaux entr'eux et à ceux que l'axe AY forme avec les directions des forces X', X'', etc.; on voit sur-le-champ que l'on peut prendre les produits $X'y'$, $X''y''$, etc. $Y'x'$, $Y''x''$, etc. pour moments, dans la mesure relative des énergies des différents couples. Donc, puisque leur somme doit être nulle, on aura l'équation :

$$X'y' + X''y'' + \text{etc.} + Y'x' + Y''x'' + \text{etc.} = 0$$

Cette équation remplace la précédente

$$P'p' + P''p'' + P'''p''' + \text{etc.} = 0$$

mais, au lieu des perpendiculaires p', p'', p''', etc.

qu'il faut abaisser du point A sur les directions respectives des forces, elle contient les coordonnées des points où les forces sont immédiatement appliquées dans le plan. Elle a de plus cet avantage que les termes $X'y'$, $X''y''$, $Y'x'$, etc. prendront d'eux-mêmes les signes qui conviennent aux sens respectifs des couples dont ils représentent les énergies, si l'on a soin de donner aux forces et aux coordonnées des signes convenables.

On pourra prendre, comme en Géométrie, les abscisses x', x'', etc. positives à la droite de l'origine, et par conséquent négatives à la gauche; les ordonnées y', y'', etc. positives au-dessus de l'axe des abscisses, et par conséquent négatives au-dessous.

Quant aux forces, il est clair que, dans chaque groupe, il faudra donner des signes contraires à celles qui agissent en sens contraires.

Mais en considérant dans le premier groupe une force telle que X'' qui tire à droite de l'axe AY, et dans le second, une force telle que Y', qui tire au-dessous de l'axe AX, il est facile de voir que ces deux forces donnent à l'égard du point A des couples de même sens, lorsque leurs coordonnées AH'' et AG' ou y'' et x' sont de même signe. Donc il faudra que les forces du premier groupe qui tirent à droite de l'axe des ordonnées, aient le même signe que les forces du second qui tirent au-dessous de l'axe des abscisses. Donc, si l'on regarde les premières comme positives, on regardera aussi les secondes comme positives. Et de cette manière, tous les moments écrits sous le même signe dans l'équation précédente, prendront des signes relatifs aux sens des couples.

91. Mais, si dans le premier groupe X', X'', X''', etc., regardant toujours comme positives les forces qui tirent à droite de l'axe des ordonnées, ou qui tendent à augmenter les abscisses de leurs points d'application, on voulait aussi, dans le second groupe Y', Y'', Y''', etc., regarder comme positives celles qui tirent au-dessus de l'axe des abscisses, ou qui tendent à augmenter les ordonnées de leurs points d'application, il faudrait alors donner un signe contraire à toute la partie des moments relatifs à ce groupe. Et l'équation précédente se mettrait sous cette forme :

$$X'y' + X''y'' + \text{etc.} - Y'x' - Y''x'' - \text{etc.} = 0.$$

Nous retiendrons désormais cette expression de préférence à la première. Dans les deux groupes, les forces positives seront celles qui tendent à augmenter les coordonnées de leurs points d'application, et les forces négatives, celles qui tendent à diminuer les mêmes coordonnées.

Corollaire I.

Fig. 33.   92. Si les deux axes AX, AY étaient à angle droit, les abscisses et les ordonnées elles-mêmes, deviendraient les bras de levier des couples, et les moments $X'y'$, etc. $Y'x'$, etc. donneraient la mesure absolue de leurs énergies. De plus, en nommant α' l'angle que fait la direction de la force P' avec l'axe des abscisses, on aurait pour la composante X' parallèle à cet axe, $P'\cos.\alpha'$. On aurait pour l'autre composante Y', $P'\sin.\alpha'$.

En nommant de même α'' l'angle de la direction de la force P'' avec l'axe des abscisses, on aurait : $X'' = P''\cos.\alpha''$, $Y'' = P''\sin.\alpha''$; et ainsi de suite; et les équations précédentes deviendraient :

$$P'\cos.\alpha' + P''\cos.\alpha'' + P'''\cos.\alpha''' + \text{etc.} = 0$$

$$P'\sin.\alpha' + P''\sin.\alpha'' + P'''\sin.\alpha''' + \text{etc.} = 0$$

$$P'(y'\cos.\alpha' - x'\sin.\alpha') + P''(y''\cos.\alpha'' - x''\sin.\alpha'')$$
$$+ P'''(y'''\cos.\alpha''' - x'''\sin.\alpha''') + \text{etc.} = 0.$$

Dans ces équations on n'aurait pas besoin de

faire attention aux signes des forces, mais seulement à ceux des abscisses et des ordonnées. On regarderait toutes les forces P', P'', P'''.... comme essentiellement positives : les signes des sinus et des cosinus donneraient les signes relatifs des composantes $P'\cos.a'$ etc., $P'\sin.a'$ etc., comme cela est facile à observer, si l'on veut se donner la peine de faire parcourir une circonférence entière à la direction d'une force telle que P', autour de son point d'application B'.

C'est de cette manière que l'on donne ordinairement les équations de l'équilibre pour des forces quelconques situées dans un même plan. Ces équations renferment, sous l'expression la plus simple, les premières données de la question, savoir : les quantités des forces, leurs directions, par les angles qu'elles font avec une droite fixe de position, et leurs points immédiats d'application, par leurs coordonnées rectangles. Nous aurions donc pu les présenter les premières, et même nous abstenir de considérer les autres par rapport à des axes obliques ; mais comme on les démontre quelquefois par cette considération que les deux groupes de forces sont rectangulaires entre eux, nous avons été bien aises de faire voir qu'elles ne sont qu'un cas particulier de celles qu'on trouve par rapport à des axes obliques quelconques, et que la rectangularité des forces n'y entre pour rien. Nous reviendrons encore sur cette remarque.

Corollaire II.

93. Supposons qu'il n'y ait point équilibre entre les forces P', P'', P''', etc.; et soit —R la force capable de leur faire équilibre, et par conséquent, R leur résultante.

Alors les trois équations trouvées ci-dessus auront lieu en y introduisant la force —R.

Soit donc a l'angle que fait la direction de cette force avec l'axe des abscisses : x et y les deux coordonnées d'un point quelconque de cette direction.

En faisant pour abréger :

$$P'\cos a' + P''\cos a'' + P'''\cos a''' + \text{etc.} = X,$$

$$P'\sin a' + P''\sin a'' + P'''\sin a''' + \text{etc.} = Y,$$

et, $P'(y'\cos a' - x'\sin a') + P''(y''\cos a'' - x''\sin a'')$
$+ P'''(y'''\cos a''' - x'''\sin a''') + \text{etc.} = G;$

On aura d'abord :

$$X - R\cos a = 0, \quad Y - R\sin a = 0$$

d'où l'on tirera, en observant que sin.$^2\alpha +$ cos.$^2\alpha = 1$:

$$R = \sqrt{X^2 + Y^2},$$

$$\text{Cos.}\alpha = \frac{X}{\sqrt{X^2+Y^2}}, \quad \sin.\alpha = \frac{Y}{\sqrt{X^2+Y^2}};$$

ce qui fera connaître la quantité de la résultante, et l'angle α que sa direction fait avec l'axe des abscisses.

On aura ensuite :

$$G - R(y \cos.\alpha - x \sin.\alpha) = 0,$$

ou bien, en mettant pour R cos.α et R sin.α, leurs valeurs X et Y,

$$G - Xy + Yx = 0.$$

Comme on n'a qu'une équation pour déterminer les deux coordonnées x et y, on sera maître de prendre l'une ou l'autre à volonté. Supposant, par exemple, $x = 0$, auquel cas on demande l'ordonnée y de la résultante à l'origine, on aura :

$$y = \frac{G}{X};$$

Si l'on suppose $y = 0$, auquel cas on cherche

la distance x du point où la direction de la résultante coupe l'axe des abscisses, on aura :

$$x = \frac{-G}{Y}$$

On aura donc tout ce qu'il faudra pour déterminer la quantité et la position de la résultante de tant de forces que l'on voudra situées dans un même plan.

Si l'on n'a trouvé qu'une seule équation pour les deux coordonnées x et y du point d'application de la résultante, c'est que, cette résultante pouvant être appliquée à l'un quelconque des points de sa direction, il est impossible que le calcul donne l'un de ces points plutôt que l'autre. Il ne peut donc donner que leur lieu géométrique; et l'équation précédente

$$G - X y + Y x = 0,$$

est, à proprement parler, l'équation de la direction de la résultante.

Remarque.

94. Dans les trois questions I, II, III, que nous venons de traiter ci-dessus, toutes les forces étant ramenées à une seule R et à un

seul couple $(S,-S)$, il y aura toujours une résultante unique, si la force R n'est pas nulle. Car, la force R et le couple $(S,-S)$ seront toujours dans un même plan ou dans des plans parallèles, et par conséquent (71) se composeront toujours en une seule force. Ainsi, la seule condition nécessaire pour que des forces parallèles ou des forces situées dans un même plan aient une résultante unique, est que la résultante de ces forces transportées parallèlement à elles-mêmes en un point quelconque, ne soit pas nulle.

Si cette résultante est nulle, alors toutes les forces du système seront ramenées à un couple dont on connaîtra le plan et l'énergie, et l'on ne pourra leur faire équilibre qu'au moyen d'un couple équivalent et de sens inverse, situé dans le même plan ou dans tout autre plan parallèle.

Passons maintenant au cas le plus général.

IV.

Des conditions de l'équilibre entre tant de forces que l'on voudra, dirigées d'une manière quelconque dans l'espace.

95. Soient P', P", P"', etc. les différentes forces. D'un point A pris arbitrairement dans

Fig. 34.

l'espace, menons trois axes quelconques A X, A Y, A Z, qui ne soient pas dans un même plan, et décomposons chaque force en trois autres respectivement parallèles à ces axes.

Nommons X', Y', Z', les trois composantes de P', X'', Y'', Z'', les trois composantes de P'', et ainsi de suite. Nous aurons alors, au lieu des forces P', P'', P''', etc. appliquées au système, trois groupes de forces parallèles : le premier, composé des forces X', X'', X''', etc. parallèles à l'axe A X; le second, composé des forces Y', Y'', Y''', etc. parallèles à l'axe A Y; et le troisième, composé des forces Z', Z'', Z''', etc. parallèles à l'axe A Z.

Cela posé : si l'on transporte toutes ces forces parallèlement à elles-mêmes au point A, celles du premier groupe iront se réunir dans l'axe A X, et s'y composeront en une seule X égale à leur somme; celles du second iront de même se réunir dans l'axe A Y, et s'y composeront en une Y égale à leur somme; enfin, celles du troisième se réuniront dans l'axe A Z, et s'y composeront en une seule Z égale à leur somme. Maintenant ces trois résultantes partielles X, Y, Z se composeront en une seule R appliquée en A, et représentée par la diagonale du parallélipipède construit sur les trois lignes qui représenteraient ces forces en grandeurs et en directions.

Or, par la première condition générale de l'équilibre, il faut que cette résultante soit nulle d'elle-même. Mais les trois forces X, Y, Z, agissant suivant des lignes qui ne sont pas dans un même plan, ne peuvent jamais donner une résultante nulle, à moins qu'elles ne soient nulles, chacune en particulier (42); et par conséquent la condition $R=0$, exige ces trois équations particulières, $X=0$, $Y=0$, $Z=0$, c'est-à-dire :

$$X' + X'' + X''' + \text{etc.} = 0,$$
$$Y' + Y'' + Y''' + \text{etc.} = 0,$$
$$Z' + Z'' + Z''' + \text{etc.} = 0.$$

Ce qui nous apprend que pour l'équilibre de tant de forces que l'on voudra, appliquées d'une manière quelconque à un corps ou système de figure invariable, il faut d'abord ces trois conditions particulières : que *la somme des forces décomposées parallèlement à trois axes quelconques, soit nulle par rapport à chacun de ces axes.*

Par la seconde condition générale de l'équilibre, il faut que le couple résultant de tous les couples formés par les forces à l'égard du point A, soit aussi nul de lui-même. Développons maintenant cette seconde condition.

Soit B' le point d'application de la force P', et par conséquent le point d'application des trois composantes X', Y', Z'; nommons x', y', z', ses trois coordonnées AC, CH, HB', par rapport aux trois axes AX, AY, AZ. Nommons de même, x'', y'', z'', les trois coordonnées du point d'application B" des trois composantes X", Y", Z"; et ainsi de suite.

Considérant d'abord le groupe des forces Z', Z", Z''', etc., je remarque que la force Z' appliquée en B', a produit un couple (Z', —Z') appliqué sur AB', ou bien (en concevant la force Z' appliquée au point H où sa direction rencontre le plan YAX) a produit un couple (Z', —Z') appliqué sur la diagonale AH d'un parallélogramme ACHD, dont les deux côtés AC, AD sont égaux aux coordonnées x' et y'. Or, ce couple peut se décomposer en deux autres composés de forces égales et parallèles aux premières, mais appliqués sur les deux côtés AC, AD ou x', y', dans les plans respectifs XAZ, YAZ (58).

Si l'on fait la même décomposition de tous les couples provenants du groupe Z', Z", Z''', etc. dans les deux plans parallèles à ce groupe; et les décompositions semblables de tous ceux qui proviennent des deux autres groupes, par rapport aux deux plans analogues ; il est manifeste que tous les couples du système seront réduits à d'autres situés dans les trois plans coordonnés.

Or, dans chaque plan, les couples se réduiront à un seul égal à leur somme. Ces trois couples résultants partiels se composeront en un seul, qui sera le couple résultant général, et qui devra être nul pour l'équilibre. Mais ces trois couples étant situés dans trois plans qui forment un angle solide, ne peuvent jamais donner un couple résultant nul, à moins qu'ils ne soient nuls, chacun en particulier (65). Donc, pour chacun des trois plans, la somme des moments des couples doit être nulle d'elle-même.

Mais, dans le plan Y A Z, on trouvera d'abord les couples

$(Z', -Z'), (Z'', -Z''), Z''', -Z''')$, etc.,

appliqués sur les lignes respectives.

y', y'', y''', etc.;

ensuite, les couples

$(Y', -Y'), (Y'', -Y''), (Y''', -Y''')$, etc.;

appliqués sur les lignes respectives

z', z'', z''', etc.:

Et comme l'axe A Y fait avec les directions

des forces Z', Z'', Z''', etc. des angles égaux entre eux et à ceux que forme l'axe AZ avec les directions des forces Y', Y'', Y''', etc., on pourra prendre les produits $Z'y'$, etc. $Y'z'$, etc. pour moments, dans la mesure relative des couples situés dans le plan YAZ. Donc, puisque leur somme doit être nulle, on aura (91)

$$Y'z' + Y''z'' + \text{etc.} - Z'y' - Z''y'' - \text{etc.} = 0$$

on trouvera de même pour les deux autres plans :

$$Z'x' + Z''x'' + \text{etc.} - X'z' - X''z'' - \text{etc.} = 0$$

$$X'y' + X''y'' + \text{etc.} - Y'x' - Y''x'' - \text{etc.} = 0$$

ce qui nous fait voir que pour l'équilibre du système, outre les trois équations trouvées ci-dessus, il nous en faut encore trois autres qui expriment, que *la somme des produits des composantes parallèles au plan de deux axes, par leurs coordonnées relatives au troisième axe, doit être nulle d'elle-même pour chacun des trois plans.*

96. Dans les équations précédentes, on prendra les signes des coordonnées, comme en géométrie ; positives dans un même coin $XAYZ$, et négatives dans le coin opposé.

Parmi les forces, on regardera dans chaque groupe, comme positives celles qui tendent à augmenter les coordonnées de leurs points d'application ; comme négatives, celles qui tendent à les diminuer. (91)

Remarque.

97. Si l'on trouvait que les six équations précédentes ont lieu par rapport à trois axes particuliers non situés dans le même plan, il y aurait équilibre dans-le système, et par conséquent, les mêmes équations auraient lieu par rapport à tous les axes possibles.

Corollaire I.

98. Si les trois axes AX, AY, AZ, étaient rectangulaires entre eux, les coordonnées deviendraient les bras de levier des couples, et les produits $Z'y'$, $Y'x'$, $X'z'$, etc., etc., les expressions absolues de leurs énergies.

De plus, en nommant α' β' γ', les trois angles que la direction de la force P' fait avec les trois axes respectifs AX, AY, AZ, ou plutôt avec trois parallèles à ces axes, on aurait pour les trois composantes de P' (45) :

$X' = P' \cos. \alpha'$, $Y' = P' \cos. \beta'$, $Z' = P' \cos. \gamma'$;

En nommant de même α'', β'', γ'', etc. les angles analogues des directions des forces P'', etc. avec les mêmes axes, on aurait :

$$X''=P''\cos.\alpha'', Y''=P''\cos.\beta'', Z''=P''\cos.\gamma'', \text{etc.}$$

et les équations précédentes deviendraient :

$$P'\cos.\alpha' + P''\cos.\alpha'' + P'''\cos.\alpha''' + \text{etc.} = 0,$$
$$P'\cos.\beta + P''\cos.\beta'' + P'''\cos.\beta''' + \text{etc.} = 0,$$
$$P'\cos.\gamma' + P''\cos.\gamma'' + P'''\cos.\gamma''' + \text{etc.} = 0,$$

$$P'(z'\cos.\beta' - y'\cos.\gamma') + P''(z''\cos.\beta'' - y''\cos.\gamma'')$$
$$+ P'''(z'''\cos.\beta''' - y'''\cos.\gamma''') + \text{etc.} = 0,$$

$$P'(x'\cos.\gamma' - z'\cos.\alpha') + P''(x''\cos.\gamma'' - z''\cos.\alpha'')$$
$$+ P'''(x'''\cos.\gamma''' - z'''\cos.\alpha''') + \text{etc.} = 0,$$

$$P'(y'\cos.\alpha' - x'\cos.\beta') + P''(y''\cos.\alpha'' - x''\cos.\beta'')$$
$$+ P'''(y'''\cos.\alpha''' - x'''\cos.\beta''') + \text{etc.} = 0.$$

Remarque.

99. C'est sous cette forme que l'on présente ordinairement les six équations de l'équilibre. Elles renferment d'une manière très-simple les quantités des forces P', P'', P''', etc., leurs

points d'application, au moyen de leurs coordonnées rectangles par rapport à trois axes ; et leurs directions, par les cosinus des angles qu'elles font avec ces axes.

Comme on a coutume d'attribuer aux forces rectangulaires une certaine indépendance d'effets, qui ne leur appartient pas plus qu'à celles qui agissent sous un angle quelconque, pourvu qu'il ne soit pas nul, il est bon de remarquer que les équations d'équilibre par rapport à des axes rectangulaires, ne sont qu'une simple conséquence de celles qu'on trouve par rapport à des axes obliques quelconques, et que par conséquent le principe de l'indépendance entre les effets des forces rectangulaires, ne doit entrer pour rien dans leur démonstration.

Observons d'ailleurs que d'après ce principe un peu vague, on pourrait être conduit par un raisonnement très-simple, à une erreur très-grossière : car en considérant, par exemple, deux groupes de forces rectangulaires, situés dans un même plan, si l'on suppose qu'il y a indépendance entre les effets de ces deux groupes, on en conclura que lorsque leur système est en équilibre, chaque groupe doit être en équilibre de lui-même, ce qui n'est pas vrai.

Et il en est de même dans le cas de trois

groupes de forces, rectangulaires dans l'espace, dont le système peut être en équilibre, sans qu'il y ait équilibre en particulier dans chaque groupe, et même dans aucun d'eux.

Il faudrait donc, dans ces deux cas, ne faire de ce principe qu'un usage restreint, et ne considérer l'indépendance des effets, que relativement aux mouvements de translation que les forces peuvent donner au système; ou bien il faudra avoir soin de ne l'appliquer qu'au cas de deux groupes, l'un composé de forces perpendiculaires à un même plan, et l'autre, de forces quelconques situées dans ce plan, auquel cas l'indépendance des effets a lieu d'une manière absolue. Mais, comme cette indépendance aurait lieu tout de même, si le premier groupe tombait sur le plan du second sous un autre angle quelconque, pourvu qu'il ne fût pas nul, il s'ensuit qu'elle n'a pas lieu, parce que les groupes font un angle droit, mais seulement parce qu'ils font un angle. Ainsi, dans tous les cas, le raisonnement qui prouve le principe en question, étant fondé sur ce que les forces font un angle droit, tombe de lui-même, parce qu'il n'est fondé sur rien.

Corollaire II.

106. On peut donner aux trois dernières

équations de l'équilibre une forme plus simple, en y introduisant, à la place des coordonnées, des points d'application, les plus courtes distances des directions des forces aux trois axes rectangulaires.

En effet, dans la première équation, à la place du terme $P'(z' \cos. \beta' - y' \cos. \gamma')$, qui exprime la somme des moments des deux forces $P' \cos. \beta'$, $P' \cos. \gamma'$, par rapport au point où leur plan irait couper l'axe des x, on peut en substituer un autre qui exprime le moment de leur résultante par rapport au même point (88).

Les deux forces $P' \cos. \beta'$, $P' \cos. \gamma'$, étant rectangulaires entre elles, le carré de leur résultante est $P'^2 \cos.^2 \beta' + P'^2 \cos.^2 \gamma'$, ou $P'^2 (\cos.^2 \beta' + \cos.^2 \gamma')$; ou bien, à cause de $\cos.^2 \alpha' + \cos.^2 \beta' + \cos.^2 \gamma' = 1$, $P'^2 (1 - \cos.^2 \alpha')$, c'est-à-dire ; $P'^2 \sin.^2 \alpha'$.

La résultante est donc $P' \sin. \alpha'$. La distance de cette résultante à l'axe des x étant nommée p', on aura pour son moment $P' p' \sin. \alpha'$, qui remplace le terme $P'(z' \cos. \beta' - y' \cos. \gamma')$; on aura de même $P'' p'' \sin. \alpha''$, etc. à la place des termes suivants de la première équation, en désignant par p'', etc. les distances respectives des résultantes analogues à la première, par rapport à l'axe des x.

8

La première équation sera donc mise sous cette forme :

$$P'p'\sin.\alpha' + P''p''\sin.\alpha'' + P'''p'''\sin.\alpha''' + \text{etc.} = 0$$

Or il est visible que p', p'', p''', etc. ne sont autre chose que les plus courtes distances des forces P', P'', P''', etc. à l'axe des x ; car la force $P'\sin.\alpha'$, qui est située dans un plan perpendiculaire à cet axe, étant composée avec la force $P'\cos.\alpha'$ perpendiculaire au même plan, devrait donner pour résultante la force P' qui est dans l'espace. La force $P'\sin.\alpha'$, n'est donc autre chose que la projection de la force P' sur un plan perpendiculaire à l'axe des x ; et par conséquent la plus courte distance p' de cette projection à l'axe des x, n'est autre chose que la plus courte distance de la force P' au même axe.

Si l'on désigne par q', q'', q''', etc. ; et par r', r'', r''', etc. les plus courtes distances des forces P', P'', P''', etc. aux axes respectifs des y et des z, on trouvera de même pour les deux autres équations :

$$P'q'\sin.\beta' + P''q''\sin.\beta'' + P'''q'''\sin.\beta''' + \text{etc.} = 0$$

$$P'r'\sin.\gamma' + P''r''\sin.\gamma'' + P'''r'''\sin.\gamma''' + \text{etc.} = 0$$

101. La projection d'une force sur un plan, multipliée par sa distance à un axe perpendi-

culaire au plan, est ce que l'on nomme ordinairement *le moment* de la force par rapport à l'axe ; et de cette manière on énonce ainsi les trois équations précédentes de l'équilibre.

La somme des moments des forces doit être nulle par rapport à chacun des trois axes, dans le cas de l'équilibre.

Corollaire III.

102. Si, dans les six équations de l'équilibre, on veut supposer que les forces P', P'', P''', etc., sont toutes parallèles ou toutes situées dans un même plan, etc., etc., et qu'on mette à la place des coordonnées x', y', z', etc., et des angles α', β', γ', etc., les valeurs qui conviennent à ces suppositions, on retombera sur les équations d'équilibre précédemment trouvées pour ces différents cas, et l'on en tirera les mêmes conséquences.

103. Si l'on suppose, par exemple, que les directions des forces P', P'', P''', etc., concourent toutes au même point, et qu'on ait pris ce point pour l'origine des coordonnées, les cosinus des angles α', β', γ', etc., seront proportionnels aux coordonnées respectives

x', y', z', etc. des points d'application ; de sorte que l'on aura :

$$x' : y' :: \cos. \alpha' : \cos. \beta', x' : z' :: \cos. \alpha' : \cos. \gamma', \text{etc.}$$

ou
$$\cos. \alpha' y' - \cos. \beta' x' = 0,$$
$$\cos. \gamma' x' - \cos. \alpha' z' = 0,$$
$$\text{etc.}$$

Les trois dernières équations de l'équilibre disparaîtront donc d'elles-mêmes ; et l'on n'aura plus que les trois premières, qui nous font voir que pour l'équilibre d'un point libre sollicité par tant de forces que l'on voudra dans l'espace, il est nécessaire et il suffit que la somme des forces décomposées suivant trois axes passant par ce point, soit nulle par rapport à chacun de ces axes ; et c'est ce que l'on savait d'ailleurs immédiatement.

Corollaire IV.

RECHERCHE *de la résultante de toutes les forces* P', P'', P''', *etc., lorsque ces forces ne sont pas en équilibre, et qu'elles sont susceptibles de se réduire à une seule.*

104. SUPPOSONS qu'il n'y ait point équilibre entre les forces P', P'', P''', etc. ; et soit, s'il est possible, la force — R capable de leur faire équilibre, et par conséquent R leur résultante.

Les six équations précédentes devront avoir lieu en y faisant entrer la force $-$ R.

Soient donc α, β, γ, les trois angles que forme la direction de la résultante avec les trois axes coordonnés. En faisant pour abréger :

$$P'\cos.\alpha' + P''\cos.\alpha'' + P'''\cos.\alpha''' + \text{etc.} = X$$
$$P'\cos.\beta' + P''\cos.\beta'' + P'''\cos.\beta''' + \text{etc.} = Y$$
$$P'\cos.\gamma' + P''\cos.\gamma'' + P'''\cos.\gamma''' + \text{etc.} = Z$$

on aura d'abord ces trois équations :

$$X - R\cos.\alpha = 0, Y - R\cos.\beta = 0, Z - R\cos.\gamma = 0,$$

d'où l'on tirera (en observant que $\cos.^2\alpha + \cos.^2\beta + \cos.^2\gamma = 1$),

$$R = \sqrt{X^2 + Y^2 + Z^2}$$

pour la quantité de la résultante. On aura ensuite, pour les angles α, β, γ, que sa direction fait avec les trois axes,

$$\cos.\alpha = \frac{X}{\sqrt{X^2 + Y^2 + Z^2}},$$

$$\cos.\beta = \frac{Y}{\sqrt{X^2 + Y^2 + Z^2}},$$

$$\cos.\gamma = \frac{Z}{\sqrt{X^2 + Y^2 + Z^2}},$$

En second lieu, nommant x, y, z, les trois

coordonnées de l'un quelconque des points de cette direction, et faisant pour abréger :

$P'(z'\cos.\beta'-y'\cos.\gamma')+P''(z''\cos.\beta''-y''\cos.\gamma'')$
$+P'''(z'''\cos.\beta'''-y'''\cos.\gamma''')+$ etc. $=L$

$P'(x'\cos.\gamma'-z'\cos.\alpha')+P''(x''\cos.\gamma''-z''\cos.\alpha'')$
$+P'''(x'''\cos.\gamma'''-z'''\cos.\alpha''')+$ etc. $=M$

$P'(y'\cos.\alpha'-x'\cos.\beta')+P''(y''\cos.\alpha''-x''\cos.\beta'')$
$+P'''(y'''\cos.\alpha'''-x'''\cos.\beta''')+$ etc. $=N$

on aura :

$$L - R(z\cos.\beta - y\cos.\gamma) = 0$$
$$M - R(x\cos.\gamma - z\cos.\alpha) = 0$$
$$N - R(y\cos.\alpha - x\cos.\beta) = 0$$

ou bien :

$$L - Yz + Zy = 0$$
$$M - Zx + Xz = 0$$
$$N - Xy + Yx = 0.$$

Or, si l'on élimine, entre ces trois équations, deux des inconnues x, y, z, on arrivera à cette équation :

$$XL + YM + ZN = 0$$

qui ne contient plus d'inconnue, et qui exprime la relation qui doit avoir lieu entre les résultantes partielles X, Y, Z, et les trois moments résultants partiels L, M, N, pour que les trois équations précédentes puissent subsister à la fois, et par conséquent pour que les forces du système puissent avoir une résultante.

105. Si cette équation de condition a lieu, les valeurs des trois coordonnées x, y, z, se présenteront sous la forme de $\frac{0}{0}$, parce que la résultante pouvant être appliquée à tel point de sa direction qu'on le voudra, il est impossible que le calcul détermine l'un de ces points plutôt que tout autre. Il ne peut donc donner que leur lieu géométrique, et les trois équations précédentes ne sont autre chose que les équations des trois projections de la résultante sur les plans coordonnés. Par conséquent l'une de ces équations est une suite nécessaire des deux autres, et l'on n'a à proprement parler que deux équations entre les trois indéterminées x, y, z; d'où il suit qu'elles doivent se présenter sous la forme de $\frac{0}{0}$.

106. On se donnera donc à volonté l'une de ces trois quantités, et l'on déterminera alors les deux autres, au moyen des équations précédentes.

Si l'on suppose, par exemple, $x = 0$, auquel cas on demande le point où la direction de la résultante traverse le plan vertical Y A Z, on aura pour les deux coordonnées de ce point :

$$y = \frac{N}{X}, \ z = \frac{-M}{X}.$$

Si l'on suppose, $y = 0$, on aura :

$$x = \frac{-N}{Y}, \ z = \frac{L}{Y}.$$

Supposant $z = 0$, on aura :

$$x = \frac{M}{Z}, \ y = \frac{-L}{Z}$$

C'est-à-dire, qu'en considérant le point où la direction de la résultante coupe le plan de deux axes, les distances respectives de ce point à ces deux axes se trouvent en divisant les sommes respectives des moments des forces, par rapport à ces axes, par la somme des forces estimées suivant le troisième.

On aura donc, d'après ce que nous venons de dire, tout ce qu'il faudra pour déterminer la quantité de la résultante et sa position dans l'espace, si toutes les forces appliquées au système sont susceptibles de se réduire à une seule; et cela aura toujours lieu, si l'équation de condition, $XL + YM + ZN = 0$, est satisfaite, pourvu que les trois résultantes X, Y, Z, ne soient pas nulles à la fois. Car si ces trois forces sont nulles, il est clair que les forces P', P'', P''', etc. seront réduites aux trois couples représentés en énergies par L, M, N; lesquels ne peuvent jamais se réduire qu'à un autre couple.

C'est ce que le calcul précédent nous indiquerait d'ailleurs; car dans le cas de $X=0$, $Y=0$ et $Z=0$, la résultante R deviendrait nulle, et le point où sa direction doit rencontrer l'un quelconque des trois plans coordonnés, serait, par les équations ci-dessus, à une distance infinie de l'origine : ce qui fait voir qu'il n'y a plus alors de résultante unique.

Corollaire V.

Réduction générale des forces.

107. Mais, dans tous les cas, on pourra réduire toutes les forces appliquées au système à une seule passant par l'origine, et à un couple dont il sera facile de déterminer le plan et l'énergie.

En effet, on aura pour la résultante R des forces transportées à l'origine :

$$R = \sqrt{X^2 + Y^2 + Z^2},$$

et pour les trois angles α, β, γ, que sa direction forme avec les trois axes :

$$\cos \alpha = \frac{X}{R},\ \cos \beta = \frac{Y}{R},\ \cos \gamma = \frac{Z}{R}.$$

En second lieu, L, M, N, représentant respectivement les trois couples résultants, situés dans les trois plans perpendiculaires aux axes des x, y, z ; si l'on nomme G le moment du couple résultant, on aura pour sa quantité :

$$G = \sqrt{L^2 + M^2 + N^2},$$

Et pour les angles λ, μ, ν, qu'une perpendiculaire au plan de ce couple, ou que l'*axe* du couple, forme avec les trois axes respectifs des x, y, z :

$$\cos \lambda = \frac{L}{G},\ \cos \mu = \frac{M}{G},\ \cos \nu = \frac{N}{G}.$$

Corollaire VI.

108. Si l'on voulait exprimer directement que toutes les forces P′, P″, P‴, etc. ont une résultante unique, d'après ce que nous avons vu dans le premier chapitre, (n° 71), il faudrait exprimer que la résultante R et le couple résultant sont dans des plans parallèles, ou, ce qui est la même chose, que l'*axe* du couple

DE STATIQUE. 123

est perpendiculaire à la direction de la résultante.

Or, α, β, γ, étant les trois angles de la direction de la force R, avec les trois axes des x, y, z; et λ, μ, ν, les angles analogues de l'*axe* du couple avec les trois mêmes axes, on sait par la géométrie (1) que ces deux droites seront rectangulaires dans l'espace, si l'on a :

$$\cos\alpha\cos\lambda + \cos\beta\cos\mu + \cos\gamma\cos\nu = 0$$

Donc, en mettant à la place des cosinus leurs valeurs trouvées ci-dessus, et multipliant toute l'équation par RG, on aura :

$$XL + YM + ZN = 0,$$

comme nous l'avions trouvé plus haut.

Il faudrait exprimer ensuite que la force R n'est pas nulle ; ce qui donne :

$$\sqrt{X^2 + Y^2 + Z^2} > 0,$$

inégalité qui exige simplement que les trois forces X, Y, Z, ne soient pas nulles à la fois.

Ainsi ces conditions que le calcul nous avait offertes dans la recherche de la résultante gé-

---

(1) Voyez ci-après n° 111.

nérale, ne sont autre chose que l'expression de celles que nous avions trouvées directement dans le premier chapitre, pour que des forces quelconques qui ne se font pas équilibre, puissent toujours se composer en une seule.

Remarque.

109. Pour exprimer que des forces quelconques sont susceptibles de se réduire à une seule, on a donné trois équations dont la somme compose l'équation précédente $XL + YM + ZN = 0$; mais ces trois équations sont à la fois insuffisantes et trop nombreuses; elles peuvent avoir lieu toutes trois, sans qu'il y ait une résultante unique, et il peut y avoir une résultante unique, sans qu'elles aient lieu toutes trois, ni même aucune d'elles.

Cela paraît assez clairement à l'inspection même de ces équations, comparées aux deux conditions générales que nous venons de donner; mais on peut encore s'en rendre compte en suivant le raisonnement d'après lequel on les trouve, et en examinant ce qu'elles signifient.

En effet, après avoir réduit toutes les forces appliquées au système à trois groupes de forces parallèles aux trois axes coordonnés, et co-

trois groupes à trois résultantes partielles, parallèles aux mêmes axes, on suppose que ces trois forces doivent se rencontrer au même point, pour qu'elles puissent se composer en une seule ; et pour cela, on exprime que les résultantes partielles prises deux à deux, sont à égales distances du plan qui leur est parallèle ; ce qui donne trois équations, au moyen desquelles les trois forces doivent en effet concourir au même point, et par conséquent se composer en une seule.

Mais, d'abord, on omet le cas où les trois groupes ne pourraient pas se réduire respectivement à de simples forces, mais se réduiraient à des couples : alors les trois résultantes étant nulles et à des distances infinies des plans, les trois équations de condition seraient satisfaites, et pourtant il n'y aurait pas de résultante unique, mais bien un couple résultant. Ainsi ces trois équations sont insuffisantes.

D'un autre côté, elles exigent trop ; car, en supposant que les trois groupes se réduisent à trois simples forces, on voit qu'il n'est pas nécessaire pour qu'elles puissent se composer en une seule, qu'elles se rencontrent toutes trois en un même point : il suffirait simplement que deux d'entre elles se rencontrassent, et que la troisième allât rencontrer quelque part la direction de leur résultante; mais, ce qui est plus remarquable, cette condition même n'est pas nécessaire, et les trois résultantes partielles pourraient être situées d'une manière quelconque, et néanmoins se composer en une seule force.

Car, soient trois forces P, Q, R situées comme on voudra dans l'espace. Transportons P et Q parallèlement à elles-mêmes en un même point A de la direction de la troisième force R. Les deux forces P et Q iront s'y composer en une seule V, et donneront deux couples qui se composeront en un seul. Actuellement, si la résultante des deux forces V et R appliquées en A, se trouvait parrallèle au plan de ce couple, les trois forces proposées seraient réductibles à une seule (71). Or, sans changer la direction de la force R, on peut disposer du sens et de la grandeur de cette force, de manière que la résultante de V et R parcoure, autour du point A, tout le plan de ces deux forces, et par conséquent se tourne parallèlement au plan du couple. Donc, en prenant convenablement la grandeur et le sens de l'une des trois forces P, Q, R, sans rien changer à leurs positions mutuelles, on peut rendre ces trois forces réductibles à une seule.

Corollaire VII.

110. Lorsque l'on a les trois équations $L=0$, $M=0$, $N=0$, le moment G du couple résultant est nul, et les forces appliquées au système se réduisent à une seule R dont la direction passe par l'origine.

Et comme le moment G ne peut être nul, à moins que les trois moments résultants partiels L, M, N, ne soient nuls à la fois, il s'ensuit que si l'on voulait exprimer que des forces quelconques se réduisent à une seule qui passe en un point donné, en supposant qu'on ait pris ce point pour origine, il faudrait poser les trois équations $L=0$, $M=0$, $N=0$.

Remarque.

111. Nous terminerons cet article général par un théorème important sur la manière d'estimer les forces suivant une direction donnée, et leurs moments, par rapport à un axe donné, lorsque l'on connaît déjà ces forces et leurs moments estimés à l'égard de trois axes rectangulaires.

Mais démontrons d'abord la proposition sur laquelle on s'appuie au n° 108, et dont nous nous servirons encore ici.

Soient deux droites situées d'une manière quelconque dans l'espace. Nommons α, β, γ les trois angles que fait la première avec les trois axes coordonnés ; λ, μ, ν, les angles analogues de la seconde avec les mêmes axes : je dis qu'on aura pour l'angle θ que ces deux droites forment entre elles,

$$\cos.\theta = \cos.\alpha\cos.\lambda + \cos.\beta\cos.\mu + \cos.\gamma\cos.\nu$$

En effet, transportons, pour plus de simplicité, nos deux droites parallèlement à elles-mêmes jusqu'à l'origine : les angles $\alpha, \beta, \gamma, \lambda, \mu, \nu$ et l'angle θ ne changeront pas. Prenons sur la première, à partir de l'origine, une longueur arbitraire d dont l'extrémité aura pour coordonnées x, y, z. Prenons de même sur la seconde une autre longueur quelconque D dont l'extrémité aura pour coordonnées X, Y, Z. Si l'on joint ces deux extrémités par une droite H, on aura un triangle dont les trois côtés seront d, D et H ; et puisque θ est l'angle compris entre les deux premiers, on aura, comme on le sait :

$$H^2 = d^2 + D^2 - 2\,d\,D\cos.\theta$$

mais on a :

$$d^2 = x^2 + y^2 + z^2,$$
$$D^2 = X^2 + Y^2 + Z^2,$$

et $H^2 = (x-X)^2 + (y-Y)^2 + (z-Z)^2$;

substituant dans la première équation, réduisant et dégageant cos. θ, il vient :

$$\text{Cos. } \theta = \frac{xX + yY + zZ}{d.D},$$

ou bien,

$$\text{Cos. } \theta = \frac{x}{d}\cdot\frac{X}{D} + \frac{y}{d}\cdot\frac{Y}{D} + \frac{z}{d}\cdot\frac{Z}{D};$$

mais on a évidemment :

$$\frac{x}{d} = \cos. \alpha, \frac{y}{d} = \cos. \beta, \frac{x}{d} = \cos. \gamma$$

et de même,

$$\frac{X}{D} = \cos. \lambda, \frac{Y}{D} = \cos. \mu, \frac{Z}{D} = \cos. \nu$$

donc :

Cos. $\theta =$ cos. α cos. $\lambda +$ cos. β cos. $\mu +$ cos. γ cos. ν

Si l'on veut exprimer que les deux droites d et D sont rectangulaires entre elles, il faut poser cos. $\theta = 0$, et par conséquent :

cos. α cos. $\lambda +$ cos. β cos. $\mu +$ cos. γ cos. $\nu = 0$,

ce que nous avions supposé au n° 108.

112. Actuellement changeons les lettres λ, μ, ν en α', β', γ', et considérons une force R dirigée

suivant la première droite. Cette force estimée suivant la seconde, ou projetée sur elle, donnera pour sa projection que je nomme R'; $R' = R \cos. \theta$, et par conséquent,

$$R' = R\cos.\alpha\cos.\alpha' + R\cos.\beta\cos.\beta' + R\cos.\gamma\cos.\gamma'.$$

Mais $R \cos. \alpha$, $R \cos. \beta$, $R \cos. \gamma$ expriment les trois composantes de la force R suivant les trois axes; donc si l'on nomme X, Y, Z ces composantes, on aura plus simplement,

$$R' = X\cos.\alpha' + Y\cos.\beta' + Z\cos.\gamma'$$

Ce qui nous fait voir que *pour estimer suivant une direction différente de la sienne, une force dont on connaît déjà les composantes suivant trois axes rectangulaires, on n'a qu'à prendre la somme de ces composantes multipliées respectivement par les cosinus des angles qu'elles forment avec la direction nouvelle.* C'est ainsi qu'en géométrie, pour projeter une ligne sur un axe quelconque, on peut d'abord projeter cette ligne sur trois axes rectangulaires; projeter ensuite ces trois projections sur l'axe donné, et ajouter ensemble ces projections de projections.

113. Pareillement, si l'on considère un couple dont le moment soit représenté par une partie G prise sur son axe, et que ce moment dé-

composé par rapport à trois axes rectangulaires donne les moments respectifs L, M, N, on voit, comme ci-dessus, que pour estimer le moment G par rapport à un axe nouveau qui forme avec les trois premiers, des angles λ', μ', ν', il n'y aura qu'à prendre la somme des moments composants L, M, N multipliés par les cosinus respectifs de ces angles, de sorte qu'en nommant G' la valeur relative du moment G, on aura :

$$G' = L \cos. \lambda' + M \cos. \mu' + N \cos. \nu'$$

ce qui nous donne ce beau théorème : que *la somme des moments de tant de forces que l'on voudra, par rapport à un axe quelconque, est égale aux sommes de leurs moments, par rapport à trois axes rectangulaires, multipliées respectivement par les cosinus des angles que ces trois axes font avec le nouvel axe donné.*

DES CONDITIONS DE L'ÉQUILIBRE

Lorsque le corps ou système sur lequel les forces agissent, n'est pas entièrement libre dans l'espace, mais se trouve gêné par des obstacles.

Nous allons examiner trois cas principaux

auxquels il est facile de ramener tous les autres, comme on pourra le voir par la suite.

I.

De l'équilibre d'un corps qui n'a que la liberté de tourner en tous sens autour d'un point fixe.

Les six équations de l'équilibre d'un système libre sont, comme nous l'avons trouvé ci-dessus,

$$X = 0, \ Y = 0, \ Z = 0$$
$$L = 0, \ M = 0, \ N = 0.$$

114. Supposons maintenant qu'il y ait un point fixe dans le système, et qu'on l'ait pris pour l'origine des coordonnées. Il est clair qu'il pourrait alors y avoir équilibre sans que ces six équations fussent satisfaites ; car, quoique le point fixe soit par lui-même incapable de produire le moindre effort, il peut néanmoins anéantir ceux des puissances dont la résultante irait y aboutir, et par-là tenir lieu de nouvelles forces dans le système.

Mais, quelles que soient les forces dont un point fixe puisse tenir lieu par sa résistance, il est bien manifeste qu'elles doivent toutes passer par ce même point ; que, par conséquent, on peut toujours les y concevoir comme composées en une seule, et imaginer ainsi à la place du point fixe, une force unique r qui remplace sa résistance, et considérer alors le système comme parfaitement libre dans l'espace.

Les six équations précédentes devront donc avoir lieu si l'on y introduit la nouvelle force r.

Or cette force étant immédiatement appliquée à l'origine, fournira trois nouvelles composantes x, y, z, dans les trois axes, et ne fournira aucun couple nouveau dans les trois plans. Les six équations de l'équilibre seront donc :

$$X + x = 0, Y + y = 0, Z + z = 0$$
$$L = 0, \quad M = 0, \quad N = 0.$$

Les trois résultantes partielles X, Y, Z, pourront donc avoir telles valeurs qu'on voudra. Car, en supposant la résistance du point fixe indéfinie dans tous les sens, les trois forces x, y, z prendront telles valeurs et tels signes qu'on voudra, et, s'égalant toujours, en quelque sorte, aux trois forces contraires X', Y, Z appliquées au même point, rendront toujours les trois premières équations satisfaites.

Mais il faudra que les trois moments résultants partiels L, M, N soient toujours nuls d'eux-mêmes, ce qui nous fait voir que *pour l'équilibre d'un corps qui n'a que la liberté de tourner autour d'un point fixe, il est nécessaire, et il suffit que la somme des moments des forces par rapport à trois axes rectangulaires passant par ce point, soit nulle d'elle-même pour chacun de ces axes.*

115. Lorsque toutes les forces appliquées au corps sont parallèles, on peut mener par le point fixe deux plans parallèles à leurs directions, et décomposer tous les couples dans ces deux plans. Il suffit donc alors pour l'équilibre du système, que la somme des moments soit nulle par rapport à deux axes perpendiculaires à ces plans.

Lorsque toutes les forces sont dans un même plan avec le point fixe, tous les couples formés à l'égard de ce point sont aussi dans ce plan; et il suffit alors que la somme des moments soit nulle par rapport à un seul axe perpendiculaire à ce plan.

Remarque.

116. Nous savons que les trois équations $L=0, M=0, N=0$ qui assurent, dans le cas général, l'équilibre du système, expriment d'une autre manière (110) que les forces appliquées doivent avoir une résultante unique

qui passe par le point fixe. Donc si l'on avait voulu partir de cette conséquence comme principe, c'est-à-dire, regarder d'abord comme évident que les forces appliquées ne peuvent se faire équilibre autour du point fixe, à moins qu'elles n'aient une résultante unique dirigée vers ce point, on en aurait conclu réciproquement que l'on doit avoir pour l'équilibre, les trois équations $L=0, M=0, N=0$; ce qui nous aurait conduits au même résultat.

Corollaire.

De la pression exercée par les forces sur le point fixe.

117. Quoique nous ayons supposé le point fixe susceptible d'une résistance indéfinie en tous sens, cependant lorsque des forces données se font actuellement équilibre autour de lui, il n'a besoin que d'une certaine résistance déterminée. Cette résistance actuelle, prise en sens contraire, est ce que l'on nomme *la pression* qu'il éprouve de la part des forces du système.

Ainsi, pour calculer cette pression, on n'aura qu'à déterminer la force $-r$. Mais l'on a, par les équations ci-dessus, pour ses trois composantes $-x, -y, -z$ dans les trois axes,

$$-x = X, -y = Y, -z = Z.$$

D'où il suit que *la pression est égale à la résultante de toutes les forces du système transportées parallèlement à elles-mêmes au point fixe.*

Et c'est ce qu'il était facile de reconnaître d'abord, car le point fixe ne pouvant être pressé que par les forces qui s'y sont transportées parallèlement à elles-mêmes, et par les couples qu'elles ont formés à l'égard de ce point, puisque ces couples doivent être en équilibre d'eux-mêmes, c'est-à-dire, seraient en équilibre quand bien même le corps serait entièrement libre, il s'ensuit qu'ils ne peuvent nullement charger le point fixe, et que par conséquent ce point n'est pressé que par la résultante des premières forces.

II.

De l'équilibre d'un corps qui n'a que la liberté de tourner autour de la ligne qui joint deux points fixes.

Fig. 35. 118. Soient A et B les deux points fixes. Prenons AB pour l'un des trois axes, pour celui des abscisses, par exemple; et le point fixe A pour l'origine.

Quelles que soient les forces dont chacun des points fixes puisse tenir lieu par sa résistance, on peut toujours les concevoir comme réduites à deux forces r et r' immédiatement appliquées à ces points, et substituant ainsi, à la place des deux points A et B, les deux forces respectives r et r' qui remplacent leurs résistances actuelles, considérer le système comme parfaitement libre dans l'espace.

Les six équations de l'équilibre auront donc lieu en y introduisant les deux nouvelles forces r et r'.

Or, la force r immédiatement appliquée à l'origine A, donnera trois composantes x, y, z dans les axes, et ne donnera aucun couple dans les plans.

La force r' appliquée en B donnera trois composantes x', y', z', la première dans l'axe des abscisses, les deux autres dans les plans respectifs XY, XZ. La force x' qui tombe dans l'axe des abscisses, étant transportée à l'origine, donnera un couple nul; mais les deux forces y' et z' transportées à l'origine donneront deux couples, dans les plans respectifs XY, XZ adjacents à l'axe de rotation; et les moments de

ces couples seront (en faisant $AB = a$);
$y'a, z'a$.

Les équations de l'équilibre seront donc :

$$X+x+x'=0, Y+y+y'=0, Z+z+z'=0,$$

$$L=0, \quad M+z'a=0, N-y'a=0.$$

Les cinq quantités X, Y, Z, M, N, pourront donc avoir telles valeurs qu'on voudra; car, en supposant la résistance des deux points fixes indéfinie en tous sens, les quantités x, y, z, x', y', z', auront telles valeurs et tels signes qu'on voudra, et les trois premières équations, ainsi que les deux dernières, seront toujours satisfaites.

Mais il faudra qu'on ait toujours pour les seules forces appliquées au système, l'équation $L=0$; ce qui nous apprend que *les conditions de l'équilibre d'un corps assujetti à tourner autour d'un axe fixe, se réduisent à ce que la somme des moments des forces estimés par rapport à cet axe, soit nulle d'elle-même.*

Remarque.

119. Si les deux points A et B n'étaient pas arrêtés en tous sens, mais pouvaient couler ensemble dans la direction AB, comme si on les supposait unis entre eux, et renfermés dans un

cylindre infiniment étroit AB, leurs résistances x et x' dans le sens de l'axe des abscisses seraient nulles d'elles-mêmes, et l'on aurait encore l'équation X = o. De manière que, lorsque le corps a la liberté de se mouvoir dans le sens de l'axe de rotation, outre la première condition énoncée ci-dessus, il faut encore que la somme des forces décomposées parallèlement à cet axe soit nulle d'elle-même.

Corollaire.

Des pressions exercées par les forces sur les deux points fixes.

120. CES pressions n'étant autre chose que les deux résistances actuelles r et r' des deux points fixes, estimées en sens contraires, on aura pour déterminer leurs composantes $-x, -y, -z$; $-x', -y', -z'$ parallèles aux trois axes, les cinq équations :

$$X+x+x'=0, Y+y+y'=0, Z+z+z'=0$$
$$M+z'a=0, N-y'a=0.$$

Mais comme il y a six inconnues, il paraît d'abord que les deux pressions $-r$ et $-r'$ seront indéterminées, ou du moins que l'on pourra disposer à volonté de l'une de leurs six composantes. Cependant, si l'on observe que les deux inconnues $-x, -x'$ n'entrent que dans la première équation, on voit que les quatre autres seront déterminées par les équations restantes. En effet, l'on aura sur-le-champ par les deux dernières équations :

$$-\text{y}' = \frac{-\text{N}}{a} ; -z' = \frac{\text{M}}{a},$$

et substituant dans les deux précédentes, on aura :

$$-\text{y} = \frac{\text{Y}a + \text{N}}{a} ; -z = \frac{\text{Z}a - \text{M}}{a}.$$

Ainsi l'indétermination ne portera que sur les deux composantes $-x, -x'$ dont la somme seulement sera déterminée par la première équation $\text{X} + x + x' = 0$.

Les deux forces $-\text{y}, -z$ perpendiculaires à l'axe de rotation au point A, se composeront en une seule $\sqrt{\text{y}^2 + z^2}$ perpendiculaire au même axe, et qui fera avec les axes des y, z des angles dont les cosinus respectifs seront :

$$\frac{-\text{y}}{\sqrt{\text{y}^2 + z^2}}, \quad \frac{-z}{\sqrt{\text{y}^2 + z^2}};$$

Les deux forces $-\text{y}', -z'$ perpendiculaires à l'axe de rotation au point B, se composeront de même en une seule $\sqrt{Y'^2 + Z'^2}$ perpendiculaire au même axe, et qui fera avec les axes des y et z des angles dont les cosinus respectifs seront :

$$\frac{-Y'}{\sqrt{Y'^2 + Z'^2}}, \quad \frac{-Z'}{\sqrt{Y'^2 + Z'^2}}.$$

Ainsi les deux pressions normales à l'axe, aux points respectifs A et B seront nécessairement déterminées de grandeurs et de directions ; et par conséquent les pressions absolues $-r$ et $-r'$ n'auront que cette indétermination particulière, savoir : qu'on ne pourra les choisir que de telle sorte qu'étant décomposées chacune en deux autres, l'une dans l'axe et l'autre perpendiculaire à cet axe, les deux forces normales aient les valeurs et les directions que nous venons de donner, et les deux forces situées dans l'axe fassent une somme constante égale à X.

121. Pour voir à quoi tient cette indétermination, qui dépend de celle des deux résistances actuelles x, x' que les points fixes A et B doivent opposer dans le sens de la ligne qui les joint, on peut remarquer que ces deux points, qu'on peut supposer unis par une verge inflexible, se prêtent un appui réciproque, de

manière que chacun d'eux a toujours, ou par lui-même, ou par le secours de l'autre, la résistance actuelle dont il a besoin pour l'équilibre, pourvu que la somme de ces résistances soit suffisante. On ne peut donc pas demander, et il est impossible que le calcul détermine des valeurs particulières, pour deux résistances qui, passant tacitement, en tout ou en partie, de l'un à l'autre point, se confondent en une seule et même résistance.

III.

De l'équilibre d'un corps qui s'appuie contre un plan inébranlable.

122. Prenons ce plan pour celui des x, y, que l'on nomme le plan horizontal ; et supposant d'abord que le corps ne s'appuie contre ce plan que par un seul point A, regardons ce point d'appui comme l'origine des coordonnées.

Il est facile de voir que lorsqu'une force presse un point contre un plan, cette force peut toujours se concevoir comme décomposée en deux autres, l'une perpendiculaire au plan, et l'autre située dans ce plan. La première est nécessairement détruite par la résistance du plan ; car il n'y a pas de raison pour qu'elle meuve le point d'un côté plutôt que d'un autre dans le plan, et d'ailleurs elle ne peut le mouvoir à travers ; mais la seconde obtient tout son effet, parce que son action ne peut être altérée par la présence d'un plan le long duquel elle s'exerce. Le plan résistant ne peut donc détruire que des forces dont les directions lui sont normales, et par conséquent sa résistance ne peut faire naître que de telles forces dans le système.

Soit donc z la résistance actuelle du point d'appui dans l'axe des z. Les équations de l'équilibre deviendront :

$$X = 0, Y = 0, Z + z = 0$$
$$L = 0, M = 0, N = 0$$

Les trois dernières nous font voir, (n° 110), que les forces appliquées au corps doivent se réduire à une seule qui passe par l'origine, c'est-à-dire, par le point d'appui.

— Les deux premières, que cette résultante doit être verticale, c'est-à-dire, perpendiculaire au plan fixe.

Et la troisième, $Z + z = 0$, que cette résultante Z peut avoir une valeur quelconque, pourvu qu'elle soit de signe contraire à la résistance z du plan. C'est-à-dire, qu'en supposant, ce que nous ferons désormais, que le corps soit placé au-dessus du plan des x, y, il faut que la force z ne soit pas positive, sans quoi, tendant à soulever le corps au-dessus du plan, ce plan ne ferait naître aucune résistance, et ne servirait à rien pour l'équilibre : de manière qu'il faudrait les mêmes conditions que si le système était parfaitement libre.

123. Supposons actuellement que le corps s'appuie par un second point B. Prenons A B pour l'axe des x et le point A pour l'origine.

Le point A fait naître une résistance z dans l'axe même des z. Le point B fera naître une résistance z' dans le plan xz, et donnera dans ce plan un couple dont le moment sera, en faisant $AB = a'$, $z'a'$.

Les équations de l'équilibre seront donc :

$$X = 0, Y = 0, Z + z + z' = 0$$
$$L = 0, M + z'a' = 0, N = 0.$$

Ces équations nous font voir que l'équation de condition $XL + YM + ZN = 0$ est satisfaite, ainsi que l'inégalité $\sqrt{X^2 + Y^2 + Z^2} > 0$ (puisque les deux résistances z et z' ne pouvant être supposées toutes deux nulles, et étant de même signe, la force Z ne peut être nulle). Les forces appliquées au système doivent donc avoir une résultante unique.

Les deux premières équations montrent que cette résultante doit être verticale, c'est-à-dire, perpendiculaire au plan fixe; et la troisième, $Z + z + z' = 0$, qu'elle peut avoir telle valeur qu'on voudra, pourvu qu'elle ne soit pas positive.

Enfin, si l'on cherche les valeurs des deux coordonnées p et q du point O, où sa direction doit rencontrer le plan horizontal, comme on a (106):

$$p = \frac{M}{Z}, \qquad q = \frac{-L}{Z},$$

en mettant à la place des quantités L, M, Z leurs valeurs tirées des équations précédentes, on aura:

$$p = a' \frac{z'}{z+z'}, \qquad q = 0.$$

Donc, puisque l'on a $q = 0$, il faut que le point où elle rencontre le plan horizontal tombe sur la ligne des abscisses, c'est-à-dire, sur la ligne qui joint les deux points d'appui: et puisque l'on a $p = a' \frac{z'}{z+z'}$; à cause de $\frac{z'}{z+z'}$ toujours < 1, on a p toujours $< a'$, et par conséquent la direction de la résultante doit toujours tomber entre les deux points d'appui A et B.

124. Supposons enfin que le corps s'appuie

contre le plan par tant de nouveaux points qu'on voudra, C, D, etc., qui soient tous placés d'un même côté à l'égard de la droite AB qui est toujours regardée comme l'axe des abscisses x. Conservant pour les deux points A et B, les dénominations précédentes, nommons a'' et b'' les deux coordonnées du point C ; a''' et b''' celles du point D, et ainsi de suite. La résistance z'' du point C, étant transportée à l'origine, donnera deux couples dans les plans verticaux XZ, YZ dont les moments seront : $z''a''$, $z''b''$; la résistance z''' du point D donnera de même deux couples dans les mêmes plans, et dont les moments seront : $z'''a'''$, $z'''b'''$; et ainsi de suite. Les équations de l'équilibre seront donc :

$$X=0, Y=0, Z+z+z'+z''+z'''+ \text{etc.} =0$$
$$L-z''b''-z'''b'''- \text{etc.} =0,$$
$$M+z'a'+z''a''+z'''a'''+ \text{etc.} =0, N=0.$$

Ces équations nous font voir d'abord, comme dans l'article précédent, que toutes les forces appliquées au système doivent se réduire à une seule, perpendiculaire au plan fixe, et dont la valeur ne soit pas positive.

En second lieu, je dis que sa direction doit rencontrer ce plan dans l'intérieur du polygone formé par les points d'appui A, B, C, D, etc.

En effet, si l'on nomme, comme ci-dessus, q l'ordonnée du point O, où cette résultante rencontre le plan horizontal, comme on a, $q = \dfrac{-L}{Z}$, en mettant pour L et Z leurs valeurs tirées des équations précédentes, on aura:

$$q = \frac{z'' b'' + z''' b''' + \text{etc.}}{z + z' + z'' + z''' + \text{etc.}}$$

Or, les résistances z, z', z'', z''', etc. étant toutes positives, et les ordonnées b'', b''' etc. toutes de même signe, puisque les points C, D, etc. sont, par hypothèse, tous placés du même côté de l'axe des abscisses, il s'ensuit que l'ordonnée q sera de même signe que ces ordonnées, et que, par conséquent, le point O sera à l'égard de la ligne AB qui joint les deux points d'appui A et B, du même côté que les autres C, D, etc. Donc, puisqu'on aurait pu prendre pour l'axe des abscisses toute autre droite AC, BD, etc. qui, joignant deux points d'appui, laisse tous les autres d'un même côté, on peut conclure que le point O doit se trouver, à l'égard de chacune de ces lignes, du même côté que les autres points d'appui, et par conséquent doit tomber nécessairement dans l'intérieur du polygone formé par tous les points d'appui.

Corollaire.

Des pressions exercées par la résultante des forces du système sur les différents points d'appui.

125. Ces pressions, estimées en sens contraire, ne sont autre chose que les résistances z, z', z'', z''', etc. dont les points d'appui A, B, C, D, etc. ont actuellement besoin pour l'équilibre. On aura donc, pour les déterminer, les trois équations :

$$Z + z + z' + z'' + z''' + \text{etc.} = 0$$
$$L - b''z'' - b'''z''' - \text{etc.} = 0$$
$$M + a'z' + a''z'' + a'''z''' + \text{etc.} = 0.$$

Mais comme on n'a que ces trois équations, avec cette seule condition que les inconnues z, z', z'', z''', etc. doivent être toutes positives, il s'ensuit que les diverses pressions exercées sur le plan demeurent indéterminées, lorsqu'il y a plus de trois appuis, et même lorsqu'il n'y en a que trois, s'ils tombent en ligne droite. Car, en supposant que le troisième point C tombe avec les deux autres A et B sur l'axe des abscisses, l'ordonnée b'' devient nulle, et l'inconnue z'' disparaissant d'elle-même dans

DE STATIQUE.

l'équation $L - b''z'' = 0$, il ne reste plus que deux équations pour calculer les trois inconnues z, z', z'' qui sont encore indéterminées.

On pourra donc, dans ce cas, se donner à volonté l'une des pressions, et dans le cas général, se donner les pressions de tous les points d'appui, hors trois. On calculera ensuite les dernières pressions par les équations précédentes; et pourvu que, dans les différentes hypothèses que l'on fera, le calcul ne mène à aucune pression positive, le problème sera toujours bien résolu.

Remarque.

126. MAIS si nous trouvons, d'après les principes établis ci-dessus, que les pressions sont indéterminées lorsqu'il y a plus de trois points d'appui, d'un autre côté, en considérant *à priori* un corps appuyé contre un plan par un nombre quelconque de points, et tenu en équilibre par une force normale à ce plan, il nous paraît évident que chaque point de contact doit être actuellement pressé d'une manière tout-à-fait déterminée; et delà résulte une espèce de paradoxe qui ne paraît pas facile à expliquer.

Gardons-nous d'abord d'en conclure que la théorie connue jusqu'ici est insuffisante pour résoudre le problème en question; car nous allons voir que ce problème est indéterminé par l'hypothèse même que l'on a faite, et que la théorie donne tout ce qu'on peut demander sans se contredire.

En effet, si l'on fait attention qu'il s'agit, par hypothèse, d'un corps dont la figure est parfaitement invariable, on peut concevoir les points de contact de ce corps, comme unis entre eux par un plan parfaitement inflexible, lequel repose sur les points fixes A, B, C, D, etc. Or, lorsqu'il y a plus de trois points d'appui, ou seulement trois, quand ils tombent en ligne droite, il n'est pas difficile de voir que certaines parties des pressions qu'on supposerait exercées par le plan sur ces points, peuvent être imaginées comme se reportant indifféremment des uns aux autres, de manière qu'on ne puisse demander, ni ce qu'elles sont en elles-mêmes, ni sur quels points d'appui elles s'exercent de préférence, sans détruire l'hypothèse de l'inflexibilité parfaite du plan qui unit les points du corps.

Fig. 36.   Ainsi, pour nous faire mieux comprendre par un exemple, s'il s'agissait d'un corps qui s'appuyât par trois points en ligne droite, en considérant ces points comme liés entre eux par une verge inflexible qui repose sur les trois points fixes A, B, C; quand bien même on saurait que cette verge est pressée perpendiculairement aux trois points respectifs A, B, C, par trois forces respectives P, Q, R, parallèles entre elles, on ne serait pas en droit d'en conclure que les pressions exercées sur les points d'appui sont respectivement égales aux forces P, Q, R; car il serait toujours permis de concevoir dans les deux forces extrêmes P et Q, deux parties u et u' qui ne pressent point du tout sur les appuis A et C. Si l'on prend en effet ces deux parties dans la raison inverse de leurs distances AB et CB au point B, à cause de l'inflexibilité parfaite de la verge, on peut concevoir que ces deux forces vont presser actuellement le point d'appui B, conjointement avec la force Q; de sorte qu'il y a ici une pression indéterminée $u + u'$, qu'on peut supposer exister indifféremment, ou, tout entière en B, ou, en deux parties u et u' sur les points A et C, sans qu'on puisse dire ce qu'elle est, ni où elle se trouve de préférence, à moins de détruire l'hypothèse de l'inflexibilité parfaite de la verge qui joint les points de contact du corps.

127. Au reste, cette indétermination singulière est du même genre que celle que nous

avons observée, et expliquée au n° 121. Les pressions ou résistances actuelles dont les différents points d'appui ont besoin pour l'équilibre, ne sont indéterminées dans le cas où il y a plus de trois points d'appui, ou seulement trois, quand ils tombent en ligne droite, que parce qu'il y a alors des appuis intermédiaires qui peuvent prêter aux appuis placés de part et d'autre, certaines parties de leurs résistances, de manière que par la liaison parfaite de ces appuis, on ne peut plus distinguer leurs résistances individuelles d'avec celles qu'ils pourraient emprunter mutuellement les uns des autres.

Et la théorie nous fait voir que, pourvu que ces points aient des résistances individuelles qui satisfassent ensemble aux trois équations données ci-dessus, de quelqu'autre manière permise par les mêmes équations, que l'on veuille répartir les forces de pressions sur ces différents points, chacun d'eux trouvera toujours, ou dans sa résistance propre, ou dans cette résistance unie avec celle qu'il empruntera des autres points d'appui, la résistance actuelle dont il aura besoin pour détruire la pression qu'on lui suppose.

Il n'en est pas de même dans le cas de deux points d'appui, et dans celui de trois non en ligne droite : les résistances actuelles sont déterminées, et doivent l'être; car, chaque point d'appui se trouvant seul à côté de l'autre, ou, dans le second cas, à côté de la ligne qui joint les deux autres, il est visible qu'il ne peut avoir que sa résistance propre, et ne pourrait pas en emprunter des appuis voisins, si elle n'était pas suffisante.

128. Le paradoxe que nous venons de résoudre est d'autant plus frappant, que dans la nature, les pressions exercées par les corps aux différents points de contact, sont nécessairement déterminées dans tous les cas, ce qui serait absurde autrement.

Mais tous les corps sont plus ou moins flexibles et élastiques; et lorsqu'ils sont pressés les uns contre les autres par différents points situés dans le même plan, la pression totale se distribue d'une manière particulière en vertu de ces propriétés physiques, et des trois conditions données ci-dessus (125), auxquelles les pressions individuelles doivent toujours satisfaire : or il faudrait savoir tenir compte de ces propriétés, pour trouver en tout autant d'équations qu'il y a de points de contact, et connaître par-là les diverses pressions; et c'est une question très-délicate de physique, que nous ne chercherons pas à discuter ici.

129. Ce que nous avons dit sur l'équilibre d'un corps qui s'appuie contre un seul plan, peut aisément s'appliquer à un corps qui s'appuierait contre plusieurs plans à la fois. Chacun de ces plans fera naître aux différents points de contact autant de résistances normales à sa surface : en introduisant dans les six équations de l'équilibre ces nouvelles forces indéterminées, on parviendra facilement aux conditions que doivent remplir les forces immédiatement appliquées.

130. Si le corps s'appuie en différents points contre une ou plusieurs surfaces courbes quelconques, on pourra supposer qu'il s'appuie sur les plans tangents menés aux surfaces en ces points. Ainsi, connaissant les équations de ces surfaces, on cherchera celles des plans tangents, ou des normales aux divers points de contact : on introduira dans les équations de l'équilibre autant de forces indéterminées, dirigées suivant ces normales, et le problème reviendra au précédent.

CHAPITRE III.

DES CENTRES DE GRAVITÉ.

131. Jusqu'a présent nous avons fait abstraction de la pesanteur des corps ; nous allons voir ici comment on peut avoir égard à cette propriété générale de la matière, afin d'appliquer les principes établis ci-dessus, à l'équilibre des corps tels qu'ils sont dans la nature.

I.

On nomme *pesanteur* ou *gravité*, cette cause inconnue qui fait descendre les corps vers la terre, lorsqu'ils sont abandonnés à eux-mêmes.

La pesanteur étant une cause de mouvement, on peut la considérer comme une force.

Cette force pénètre les parties les plus intimes des corps, et agit également sur toutes leurs molécules ; car l'expérience prouve que, dans le vide, des corps quelconques de masses inégales, une balle de plomb, par exemple, et le duvet le plus léger, tombent de la même hauteur avec la même vitesse ; d'où l'on doit conclure que les molécules d'un corps qui tombe, descendent toutes de la même manière que si elles étaient simplement contiguës, sans être liées les unes aux autres. Ainsi l'action de la pesanteur s'exerce sur toutes les molécules d'un corps, et se fait sentir également à chacune d'elles.

Cependant l'intensité de la pesanteur n'est pas rigoureusement la même pour une même molécule placée dans deux lieux différents par rapport au globe terrestre : elle varie à la surface de la terre, depuis l'équateur où elle est la plus petite, jusqu'au pôle où elle est la plus grande : de plus, elle diminue à la même distance de l'équateur, à mesure que la molécule s'éloigne davantage du centre de la terre ; et l'on sait qu'elle décroît toujours dans le même rapport que le carré de cet éloignement augmente. Mais pour les molécules des corps que l'on considère ordinairement en Statique, il n'y a pas assez de différence entre leurs distances à l'équateur, ou au centre de la terre, pour que les variations de la pesanteur y soient sensibles. Ainsi l'on est autorisé à regarder la pesanteur comme une force constante.

La direction de la pesanteur est fort bien représentée par celle d'un fil à plomb en équilibre, ou par la perpendiculaire à la surface des eaux tranquilles.

Cette direction dans le lieu que l'on considère se nomme la *verticale*, et tout plan perpendiculaire à la verticale se nomme plan *horizontal*.

La surface de la terre, ou plutôt celle des mers, étant à-peu-près sphérique, les directions de la pesanteur vont à-peu-près concourir au centre du globe. Ainsi, à mesure que l'on chemine sur la terre, la verticale change, aussi bien que le plan horizontal : mais comme les distances dont il s'agit ordinairement dans la Statique sont très-petites à l'égard du rayon de la terre, qui a près de 1500 lieues, les directions de deux verticales peu éloignées, qui vont à-peu-près concourir à cette distance, peuvent être regardées comme parallèles, sans erreur sensible.

Nous considérerons donc toutes les molécules égales d'un corps pesant, comme sollicitées par de petites forces égales, parallèles et de même sens ; et nous pourrons appliquer aux forces qui proviennent de la gravité, tout ce que nous avons dit des forces parallèles, appliquées à un assemblage de points liés entre eux d'une manière invariable.

132. Et d'abord nous en conclurons que *la résultante de toutes les forces parallèles de la pesanteur, leur est parallèle, c'est-à-dire, est verticale.*

En second lieu, qu'*elle est égale à leur somme.*

La quantité de cette résultante est ce que l'on nomme *le poids* du corps; d'où l'on voit que le poids d'un corps est proportionnel au nombre des molécules qui le composent, ou à la quantité de matière qu'il renferme, et que l'on nomme sa *masse*. Ainsi l'on distinguera le mot de *pesanteur* ou *gravité*, d'avec celui de *poids*. La pesanteur désigne, comme nous l'avons dit, la cause qui attire les corps vers la terre; mais le poids désigne la force particulière qui en résulte pour chacun d'eux; force qui est proportionnelle à leur masse, et égale à l'effort qu'il faudrait employer pour les soutenir.

133. En troisième lieu, comme nous avons vu que les forces parallèles, appliquées à différents points, ont un *centre*, c'est-à-dire, un point unique par lequel passent continuellement leurs résultantes successives, lorsque l'on incline successivement tout le groupe de ces forces dans diverses positions, il s'ensuit qu'il existe tou-

jours pour un corps pesant un point unique par lequel passe continuellement la direction du poids, lorsque l'on tourne successivement le corps dans diverses positions à l'égard du plan horizontal. En effet, dans les diverses situations qu'on lui donne, les forces de la pesanteur qui animent toutes les molécules, ne cessent pas d'être les mêmes, d'agir aux mêmes points, et d'être parallèles ; et par conséquent leurs résultantes successives ne cessent pas de se couper en un même point.

Ce point unique par lequel passe toujours la direction du poids, quelle que soit la position du corps à l'égard du plan horizontal, se nomme le *centre de gravité*.

134. Si le centre de gravité d'un corps est fixe, il est clair que ce corps sera en équilibre autour de lui dans toutes les situations ; c'est-à-dire, que si, le faisant tourner autour de ce point, on l'amène dans une situation quelconque, et qu'on l'y laisse, le corps y demeurera : car dans toutes ces positions, la résultante des forces de la pesanteur passera toujours par le même point fixe, et son effet sera détruit. C'est pour cela que plusieurs auteurs ont défini le centre de gravité un point tel, que, s'il était fixé, le corps demeurerait en équilibre dans

toutes les positions possibles autour de lui ; mais il est plus convenable de faire voir *à priori* qu'il y a toujours pour chaque corps un tel point, et par conséquent de montrer qu'il y a un centre de gravité, avant de définir le centre de gravité lui-même.

135. Puisque le centre de gravité d'un corps n'est autre chose que le centre des forces parallèles de la pesanteur, appliquées à toutes les molécules de ce corps comme toutes ces forces sont supposées égales, il suit de l'article 85 que *la distance du centre de gravité à un plan quelconque, est égale à la moyenne distance de toutes les molécules du corps au même plan.* Par conséquent la position de ce centre dans les corps ne depend nullement de la gravité, mais seulement de la manière dont toutes les molécules sont disposées les unes à l'égard des autres.

Aussi quelques géomètres ont-ils cru plus convenable de nommer le centre de gravité, le *centre de masse*, ou le *centre de figure*; mais nous conserverons ici l'autre dénomination comme étant plus usitée, et comme rappelant mieux l'usage que l'on fait de ce point dans la Statique.

136. Comme on peut toujours concevoir qu'à

toutes les forces de la pesanteur qui animent les molécules d'un corps, on ait substitué leur résultante générale qui produit absolument le même effet, on peut considérer le centre de gravité d'un corps comme un point où toute la masse de ce corps est réunie et concentrée. Ainsi, dans la solution des problèmes, si l'on veut avoir égard à la pesanteur, on pourra regarder chaque corps comme réduit à son centre de gravité, qu'on supposera sollicité par une force égale et parallèle à son poids : et combinant ensuite ces nouvelles forces avec celles qui sont immédiatement appliquées au système, on trouvera les conditions de l'équilibre d'après les principes donnés dans les chapitres précédents, comme si tous les corps du système étaient dépourvus de pesanteur.

Il ne s'agit donc plus actuellement que de savoir déterminer les centres de gravité des différents corps, ou assemblages de corps qui peuvent se présenter.

157. Lorsqu'on peut considérer le corps ou le système comme composé de parties dont on connaît en particulier les centres de gravité et les poids respectifs, il est très-facile de déterminer le centre de gravité de ce corps ou système.

Car ce centre n'étant autre chose que le point d'application de la résultante générale des forces de la pesanteur appliquées à toutes les molécules, on peut concevoir que, pour le déterminer, on a d'abord cherché les points respectifs où sont appliquées les résultantes partielles des forces qui agissent sur chaque corps, et qu'ensuite on a cherché le point d'application de la résultante générale de ces diverses résultantes.

Donc, si l'on connaît déjà les centres de gravité respectifs des différents corps, l'on n'aura qu'à supposer appliquées à ces points des forces parallèles, et respectivement égales aux poids de ces corps, et l'on trouvera le centre de gravité du système absolument de la même manière que l'on trouverait le centre de ces forces parallèles.

On pourra donc employer dans cette recherche, ou la composition successive des forces, comme au n° 29, ou la théorie des moments, comme au n° 84.

Et puisque la distance du centre des forces parallèles à un plan se trouve en divisant la somme des moments des forces, pris par rapport au plan, par la somme de toutes les forces, il s'ensuit :

Que *la distance du centre de gravité d'un*

système quelconque de corps, à un plan, est égale à la somme des moments de leurs poids, par rapport au plan, divisée par la somme de tous les poids : ou, comme les masses sont proportionnelles aux poids, *égale à la somme des moments des masses, divisée par la somme de toutes les masses*, en entendant par le moment d'une masse, le produit de cette masse par la distance de son centre de gravité au plan que l'on considère.

En calculant ainsi les distances du centre de gravité à trois plans quelconques, qu'on pourra supposer rectangulaires entre eux, pour plus de simplicité, on trouvera facilement la position de ce point dans l'espace.

138. Dans le cas où toutes les masses du système sont égales, on trouve sur-le-champ la distance du centre de gravité à un plan quelconque, en prenant la moyenne distance des centres de gravité de tous les corps à ce plan.

139. Lorsque le plan par rapport auquel on estime les moments, passe par le centre de gravité du système, la distance de ce centre au plan est nulle ; et par conséquent *la somme des moments des masses, pris par rapport à un plan qui passe par le centre de gravité du système, est toujours égale à zéro*.

C'est-à-dire, que la somme des moments des masses qui sont d'un même côté du plan, est égale à la somme des moments des masses qui sont de l'autre côté.

Et réciproquement, *lorsque la somme des moments des masses, par rapport à un plan, est égale à zéro, le centre de gravité du système est dans ce plan.*

Car la distance de ce centre au plan est nulle.

140. Il résulte delà que si les centres de gravité de tous les corps que l'on considère, sont dans un même plan, le centre de gravité du système sera aussi dans ce plan ; et que si les centres de gravité des corps sont sur une même ligne droite, le centre de gravité sera aussi sur cette droite.

Car, dans le premier cas, tous les corps ayant leurs centres de gravité dans un même plan, les moments de leurs masses par rapport à ce plan, sont tous nuls ; la distance du centre de gravité du système à ce plan, est donc nulle aussi ; et par conséquent ce centre est dans le plan même.

Dans le second cas, tous les centres de gravité étant en ligne droite, si l'on fait passer deux plans quelconques par cette droite, les centres de gravité des différents corps seront à la fois dans ces deux plans. Le centre de gravité du système y sera donc aussi, et par conséquent ne pourra se trouver que dans leur intersection, qui est la droite proposée.

Au reste, les deux dernières conséquences que nous venons d'énoncer paraîtront évidentes d'elles-mêmes, en se représentant que l'on cherche le centre de gravité du système par la composition successive des forces ou poids appliqués aux centres de gravité respectifs des différents corps.

141. Lorsque tous les centres de gravité des corps sont dans un même plan, comme le centre de gravité du système se trouve déjà dans un plan connu, il suffit, pour déterminer sa position, de chercher ses distances à deux autres plans. Or, si on les prend, pour plus de simplicité, tous deux perpendiculaires sur le premier, les distances des différents centres de gravité à ces deux plans seront les mêmes que leurs distances aux traces de ces plans sur le premier.

Donc, *si dans le plan qui contient les centres de gravité de différents corps, on tire deux droites ou axes quelconques non parallèles, on aura les distances respectives du centre de gravité du système à ces deux droites, en divisant les sommes respectives des moments de toutes les masses, par rapport à ces droites; par la somme de toutes les masses.*

(Ayant soin de regarder pour chaque droite, comme positifs, tous les moments des masses qui sont d'un même côté de cette ligne, et comme négatifs les moments de celles qui sont de l'autre côté)

On trouvera de cette manière à quelles distances et de quels côtés le centre de gravité du système est placé à l'égard de ces deux axes, et menant alors, aux deux distances trouvées, deux parallèles à ces axes, le centre de gravité sera à leur intersection même.

142. Lorsque les centres de gravité de tous les corps sont en ligne droite, comme le centre de gravité du système se trouve déjà sur une ligne connue, il suffit, pour le déterminer, de chercher sa distance à un seul plan. Or, si on le prend, pour plus de simplicité, perpendiculaire sur la ligne des centres, les distances des centres de gravité respectifs à ce plan seront les mêmes que leurs distances au point où le plan coupe la ligne.

Donc, *lorsque plusieurs corps ont leurs centres de gravité respectifs sur une même droite, la distance du centre de gravité du système, à un point quelconque pris sur cette droite, est égale à la somme des moments des masses, par rapport à ce point, divisée par la somme de toutes les masses.*

(En prenant avec un même signe tous les moments des masses qui sont d'un même côté à l'égard du point, et avec le signe contraire, les moments de celles qui se trouvent de l'autre côté)

On saura alors à quelle distance, et de quel côté le centre de gravité du système est placé à l'égard du point que l'on a choisi ; et si l'on porte ensuite de ce côté, et à partir du point, une longueur égale à la distance trouvée, l'extrémité de cette longueur marquera sur la ligne le centre de gravité lui-même.

143. On voit donc combien il est facile de trouver le centre de gravité d'un corps ou système, lorsqu'on connaît ceux des différents corps qui le composent ; il nous reste à voir comment on obtiendrait les centres de gravité des corps qui ne seraient pas susceptibles d'une pareille décomposition.

A la vérité, comme on peut toujours regarder un corps comme un assemblage de points matériels qui sont eux-mêmes leurs propres centres de gravité, il s'ensuit qu'on peut leur appliquer la méthode précédente, et qu'on aura généralement la distance du centre de gravité d'un corps quelconque à un plan, en prenant la somme des moments de toutes les particules de ce corps, par rapport au plan, et divisant par la somme de ces particules, ou, ce qui est la même chose, en divisant par la masse totale du corps. Mais la solution générale de cette question dépend du calcul intégral; et l'on en peut voir dans presque tous les traités de Méchanique des applications très-simples, et qui n'ont d'autres difficultés que celles du calcul intégral lui-même.

Cependant, comme il existe des considérations élémentaires très-élégantes qui conduisent à la détermination des centres de gravité pour la plupart des corps dont il est question dans la Géométrie, nous nous bornerons à cette recherche, qui remplit l'objet que nous avons en vue, et ne nous écarte point des Éléments.

144. D'après ce que nous avons dit (135), la position du centre de gravité dans un corps ne dépend que de la manière dont toutes les molécules de ce corps sont disposées les unes à l'égard des autres. Elle dépend donc de deux choses : 1°. de la figure du corps, ou de celle

de l'espace qu'il occupe ; 2° de la densité relative de ses différentes parties. On voit bien, en effet, que si la figure et le volume restant les mêmes, les molécules viennent à s'écarter les unes des autres dans une certaine partie du corps, de manière qu'elles se rapprochent davantage dans une autre, les forces qui agissent sur elles n'étant plus réparties de la même manière, la position de la résultante générale changera, et par conséquent celle du centre de gravité du corps. Ainsi, dans la détermination de ce point, il faudrait avoir égard, non seulement à la figure du corps, mais encore à la loi suivant laquelle la densité varie dans toute son étendue.

Mais si, pour résoudre plus simplement la question, on suppose d'abord les corps parfaitement homogènes, ou uniformément denses en tous leurs points, la position du centre de gravité ne dépendra plus que de la figure, et la recherche des centres de gravité deviendra un simple problème de géométrie.

C'est dans cette hypothèse de corps parfaitement homogènes, que l'on détermine ordinairement les centres de gravité des lignes, des surfaces et des solides qui sont soumis à une description rigoureuse, et que l'on regarde comme doués d'une pesanteur uniforme en tous leurs points; et quoique ce problème puisse paraître, au premier coup-d'œil, de pure spéculation, il est facile de voir qu'il est, en Statique, ce que la quadrature des aires, ou la cubature des solides est en Géométrie. Comme les résultats que la Géométrie nous donne sont d'autant plus exacts dans l'application que les figures sont plus semblables à celles que la Géométrie suppose, ainsi dans la détermination des centres de gravité, on trouvera ces points d'autant plus près des lieux que la théorie leur assigne, que les corps seront d'une substance plus homogène, plus uniformément répandue, et terminée par des surfaces plus parfaites.

II.

DES CENTRES DE GRAVITÉ DES FIGURES.

Lemme.

145. *Toute figure dans laquelle il se trouve un point tel qu'un plan quelconque mené par ce point, coupe la figure en deux parties parfaitement symétriques, a son centre de gravité en ce point, que l'on nomme ordinairement* le centre de figure.

En effet, si l'on fait passer un plan quelconque par le centre de la figure, comme ce plan la coupe en deux parties parfaitement symétriques, il n'y a pas de raison pour que le centre de gravité, qui est un point unique, et dont la position ne dépend que de la figure, se trouve d'un côté de ce plan plutôt que de l'autre ; donc il sera dans ce plan. Le centre de gravité devant donc se trouver à la fois dans tous les plans que l'on pourrait conduire par le centre de figure, sera en ce point même qui est la commune intersection de tous ces plans.

146. Il résulte delà : 1° que le centre de gravité d'une ligne droite est au milieu de sa longueur.

2° Que le centre de gravité de l'aire d'un parallélogramme quelconque est à l'intersection de ses deux diagonales, ou au milieu de l'une d'elles.

3° Que le centre de gravité de la solidité d'un parallélépipède est à l'intersection de ses quatre diagonales, ou au milieu de l'une d'elles.

On pourrait encore en conclure que le centre de gravité du contour ou de l'aire d'un cercle est au centre de ce cercle ; que le centre de gravité de la surface ou de la solidité d'une sphère est au centre de cette sphère ; que celui de la surface ou de la solidité d'un cylindre à bases parallèles est au milieu de son axe, etc.

Mais on remarquera surtout les trois premiers corollaires sur les centres de gravité de la ligne droite, du parallélogramme et du parallélépipède, parce que l'on peut regarder ces figures comme les éléments de toutes les autres.

Problème I.

147. TROUVER *le centre de gravité du contour d'un polygone quelconque, et en général d'un assemblage de droites disposées comme on voudra dans l'espace.*

On regardera chaque droite comme concentrée en son centre de gravité, lequel est au milieu de sa longueur; et l'on n'aura plus à considérer qu'un assemblage de points représentés pour leurs poids respectifs par les longueurs des lignes dont ils sont les centres de gravité.

On trouvera donc le centre de gravité du système par la composition successive de ces poids, ou par la théorie des moments, comme il a été dit plus haut.

148. On pourra souvent, par des considérations particulières, déterminer les centres de gravité plus facilement que par la méthode générale.

S'il s'agit, par exemple, de trouver le centre de gravité du contour d'un triangle, on n'aura qu'à joindre les milieux des trois côtés par trois lignes, ce qui formera un triangle semblable au triangle proposé ; et partageant les angles de ce triangle en deux parties égales par des droites, ces droites se couperont au centre de gravité cherché.

C'est-à-dire, que le centre de gravité du contour d'un triangle n'est autre chose que le centre du cercle inscrit au triangle formé par les lignes qui joignent les milieux des trois côtés.

Problème II.

149. TROUVER *le centre de gravité de l'aire d'un polygone quelconque, et en général d'un assemblage de figures planes et rectilignes disposées comme on voudra dans l'espace.*

Tous les polygones pouvant se décomposer en triangles, nous allons voir d'abord comment on trouve le centre de gravité d'un triangle quelconque. Après quoi prenant les centres de gravité de tous les triangles qui composent le système proposé, nous n'aurons plus à considérer qu'un assemblage de points donnés de position, et dont les poids respectifs seront représentés par les aires des triangles dont ils sont les centres de gravité; et le problème se résoudra comme le précédent.

Du centre de gravité du triangle.

Fig. 37.   150. Soit ABC le triangle proposé : considérons sa surface comme composée d'une infinité de tranches parallèles à la base BC. Il est visible que la ligne droite AD menée du sommet A au milieu D de la base, divisera toutes ces tranches en deux parties égales. Leurs centres de gravité respectifs seront donc tous sur la droite AD, et par conséquent celui de leur système, c'est-à-dire, celui du triangle, y sera aussi.

Par un raisonnement tout-à-fait semblable, on ferait voir que le centre de gravité du triangle doit aussi se trouver sur la ligne BE qui serait menée du sommet de l'angle B au milieu E du côté opposé AC.

Le centre de gravité devant donc se trouver à la fois sur les deux lignes AD, BE, sera nécessairement à leur intersection G.

Mais si l'on joint DE, puisque les points D et E sont les milieux respectifs des côtés CB, CA, la droite DE sera parallèle à AB et en sera la moitié. Or, si DE est moitié de AB, à cause des triangles semblables DGE, AGB, le côté DG sera aussi moitié de son homologue AG.

Donc, DG sera le tiers de AD; et AG en sera les deux tiers.

Donc, *le centre de gravité de l'aire d'un triangle quelconque est situé sur une ligne menée de l'un quelconque des trois angles au milieu de la base opposée, et se trouve au tiers de cette ligne à partir de la base, ou aux deux tiers à partir du sommet de l'angle.*

La démonstration précédente est si naturelle et si simple que nous n'avons pas cru devoir l'omettre ici; on pourrait lui donner toute la rigueur possible au moyen de cette méthode connue, dont les exemples sont si multipliés dans les élémens de Géométrie; mais le lecteur peut y suppléer.

Au reste, voici une démonstration nouvelle qui ne laisse rien à désirer du côté de l'exactitude.

151. Par le milieu D de la base BC du triangle ABC, menez aux deux autres côtés les parallèles DE, DF qui les rencontrent en E et F : le triangle proposé sera décomposé en un parallélogramme AEDF, et deux triangles DEC, DFB, parfaitement égaux entre eux, et semblables au premier.

Fig. 38.

Le moment du triangle ABC par rapport à une ligne quelconque menée dans son plan sera donc égal à la somme des moments du parallélogramme et des deux triangles.

Soit a l'aire de l'un de ces triangles, $4a$ sera celle du triangle proposé. Donc si l'on nomme x la distance du centre de gravité de ce triangle à la base BC, on aura $4\,a\,x$ pour son moment par rapport à cette ligne.

Soit h la hauteur du triangle; $\dfrac{h}{2}$ sera la distance du centre de gravité du parallélogramme à la base, et comme son aire est $2\,a$, son moment sera $2\,a \times \dfrac{h}{2}$, c'est-à-dire, $a\,h$.

Ensuite les deux triangles BFD, DEC ont visiblement leurs centres de gravité à même distance de la base BC; donc si l'on nomme x' cette distance, la somme de leurs moments sera $2\,a\,x'$.

On aura donc $4\,a\,x = a\,h + 2\,a\,x'$, ou bien, en divisant par $4\,a$:

$$x = \frac{1}{4}\cdot h + \frac{x'}{2}.$$

Si l'on supposait, avec Archimède, que, dans les triangles semblables, les centres de gravité sont des points semblablement placés ; alors, comme les dimensions du triangle BFD ou DEC sont moitiés de celles du triangle ABC, on aurait $x' = \dfrac{x}{2}$; et substituant dans l'équation précédente, on trouverait :

$$x = \dfrac{h}{3}.$$

Ce qui ferait voir que le centre de gravité d'un triangle se trouve placé au-dessus de chaque côté, à une distance égale au tiers de la hauteur de l'angle opposé ; et que par conséquent il est au point déterminé ci-dessus.

Mais on peut parvenir à cette conclusion sans aucune hypothèse ; car puisque l'on a trouvé pour le triangle ABC,

$$x = \dfrac{1}{4} h. + \dfrac{x'}{2},$$

x étant la distance de son centre de gravité à la base BC, et x' la distance du centre de gravité du triangle BFD à sa base BD ; en imaginant que l'on fasse dans le triangle BFD, la même construction que l'on a faite dans le triangle ABC, si l'on nomme x'' la distance analogue à celle qu'on a nommée x', et si l'on observe que la hauteur du nouveau triangle est deux fois plus petite que celle du premier, on aura :

$$x' = \frac{1}{4} \cdot \frac{h}{2} + \frac{x''}{2}$$

Et continuant la même construction, on trouvera :

$$x'' = \frac{1}{4} \cdot \frac{h}{4} + \frac{x'''}{2}$$

$$x''' = \frac{1}{4} \cdot \frac{h}{8} + \frac{x^{\text{iv}}}{2}, \text{ etc., etc.}$$

x''', x^{iv}, etc. désignant les distances des centres de gravité à la base dans les triangles successifs, distances qui diminuent sans cesse, et dont la dernière peut être rendue moindre que toute grandeur donnée, puisqu'elle est toujours plus petite que la hauteur du triangle dans lequel on la considère.

On aura donc, en substituant successivement dans la première équation à la place de x', x'', x''', etc., leurs valeurs :

$$x = \frac{h}{4} + \frac{h}{4 \cdot 4} + \frac{h}{4 \cdot 4 \cdot 4} + \text{ etc., à l'infini,}$$

d'où : $x = \dfrac{h}{3}$, ce qu'il fallait démontrer.

Remarque.

152. Soient trois masses égales ayant leurs centres de gravité situés aux trois angles respectifs du triangle ABC. Le centre de gravité de ces trois corps sera le même que celui du triangle. Fig. 37.

Car, pour trouver celui des trois corps, il n'y a qu'à prendre d'abord le centre de gravité de deux quelconques d'entre eux, celui des deux corps B et C, par exemple, lequel est au point D milieu de BC; ensuite joignant DA, on n'a qu'à diviser cette droite au point G dans la raison réciproque de 2 à 1.

Or, cette construction donne aussi le centre de gravité du triangle ABC.

Il résulte de là et du n° 138 que la distance du centre de gravité d'un triangle à un plan situé d'une manière quelconque dans l'espace, est égale à la moyenne distance de ses trois angles au même plan.

Problème III.

153. Trouver *le centre de gravité de la solidité d'un polyèdre quelconque, et en général, d'un assemblage de polyèdres disposés comme on voudra dans l'espace.*

Tous les polyèdres pouvant se décomposer

en pyramides triangulaires, nous allons voir d'abord comment on trouve le centre de gravité d'une pyramide triangulaire. Après quoi, prenant les centres de gravité de toutes les pyramides qui composent le système proposé, l'on n'aura plus qu'à chercher le centre de gravité d'un assemblage de points, représentés pour leurs poids par les volumes des pyramides respectives dont ils sont les centres de gravité; et le problème se résoudra comme il a été dit ci-dessus.

Du centre de gravité de la pyramide.

Fig. 39. 154. Soit ABCD une pyramide triangulaire quelconque. Si nous considérons cette pyramide comme composée d'une infinité de tranches parallèles à la base BCD, il est visible qu'une droite menée de l'angle A en un point quelconque de la base, couperait toutes ces tranches et la base elle-même, en des points semblablement placés. Donc, si cette droite est menée au centre de gravité I de la base, elle passera par tous les centres de gravité des tranches parallèles. Le centre de gravité du système de ces tranches, et par conséquent celui de la pyramide, devra donc se trouver sur la droite AI.

Mais, par un raisonnement tout-à-fait semblable, on voit que le centre de gravité de la pyramide doit aussi se trouver sur la ligne CH qui serait menée de l'angle C au centre de gravité H de la face opposée. Donc il sera nécessairement à l'intersection G de ces deux droites.

Ainsi les deux lignes AI et CH doivent nécessairement se rencontrer : et c'est ce que l'on voit d'ailleurs indépendamment de la considération du centre de gravité; car si l'on tire CI, cette droite ira couper le côté BD en son milieu E, puisque le point I est le centre de gravité du triangle BCD; par la même raison, si l'on tire AH, cette droite ira rencontrer BD au même point E, et par conséquent les deux droites AI, CH seront dans un même plan, qui est celui du triangle AEC, et elles se couperont nécessairement.

Actuellement, si l'on remarque que le point I est au tiers de EC; et le point H au tiers de EA (150), il est clair qu'en joignant IH, cette droite sera parallèle à AC et en sera le tiers. Mais si la droite IH est le tiers de AC, à cause des triangles semblables IGH, AGC, le côté IG sera le tiers de son homologue GA; ou bien sera le quart de IA, et AG en sera les trois quarts.

Donc, *le centre de gravité d'une pyramide triangulaire est situé sur une ligne menée de l'un quelconque des trois angles au centre de gravité de la base opposée; il est au quart de cette ligne, à partir de la base, ou aux trois quarts, à partir du sommet de l'angle.*

Remarque.

155. On peut aussi appliquer à la pyramide triangulaire une démonstration analogue à celle que l'on a donnée pour le triangle.

Fig. 40. Mais pour cela considérons d'abord le prisme triangulaire : soit ABC abc le prisme. Par le milieu E du côté AB de sa base ABC, conduisons deux plans EFf, EDd parallèles aux faces respectives BCcb, ACca : Nous décomposerons ce prisme en deux autres, et un parallélépipède.

Si l'on nomme a la solidité de l'un de ces deux prismes, lesquels sont parfaitement égaux, on aura $4a$ pour celle du prisme proposé, et $2a$ pour celle du parallélépipède.

Cela posé : soit x la distance du centre de gravité du prisme total à la face BAab. On aura $4ax$ pour son moment par rapport à cette face. Soit de même, pour les deux prismes partiels, x' les distances de leurs centres de gravité au même plan, distances qui sont parfaitement égales entre elles, on aura $2ax'$ pour la somme de leurs moments. Enfin, nommant h la hauteur de l'arrête Cc au-dessus du plan parallèle BA ab, le moment du parallélépipède sera évidemment $2a\dfrac{h}{2}$ ou simplement ah. On aura donc : $4ax = ah + 2ax'$, et par conséquent, $x = \dfrac{h}{4} + \dfrac{x'}{2}$; et si l'on applique mot à mot tout ce qu'on a dit (151), on trouvera : $x = \dfrac{h}{3}$.

Ce qui fait voir que le centre de gravité d'un prisme triangulaire est, à l'égard de chaque face, au tiers de la hauteur de l'arrête parallèle à cette face. D'où il est facile de conclure qu'il est sur la ligne G g qui joint les centres de gravité des deux bases. Et d'ailleurs il est au milieu I de cette droite; car en partageant le prisme en un nombre quelconque de prismes égaux par des plans parallèles à la base, on reconnaîtra que le centre de gravité O de leur système serait exactement aussi près du milieu I de G g, que dans chaque prisme partiel on supposerait le centre de gravité près du milieu de la droite analogue à G g dans ce prisme. Or, quelque petite que soit la longueur d'un prisme, il est évident que le centre de gravité est toujours dans l'intérieur du solide : donc, puisque la longueur de chaque prisme partiel peut être rendue moindre que toute grandeur donnée, la distance O I est moindre que tout ce qu'on voudra, et par conséquent nulle.

Fig. 41.   156. Actuellement soit une pyramide triangulaire ABCD. Par le point L, milieu de AC, faites passer la section LMK parallèle à la base BCD, et la section LEF parallèle à la face ABD. Menez KH parallèle à LE, et joignez EH.

La pyramide proposée sera décomposée en deux prismes équivalents, l'un dont la base est EDH, l'autre dont la base est LEF, et en deux pyramides triangulaires ALMK, LCEF parfaitement égales entre elles, et semblables à la pyramide proposée.

Cela posé : égalons le moment de la pyramide totale, par rapport à la base BCD, à la somme des moments des deux prismes et des deux pyramides partielles, par rapport au même plan.

Soit a la solidité de l'une de ces deux pyramides, $8a$ sera celle de la pyramide entière, et si l'on nomme x la distance de son centre de gravité à la base, on aura $8ax$ pour son moment.

Soit h la hauteur de la pyramide entière, le prisme dont la base est EDH, aura son centre de gravité élevé, au-dessus de la base, de $\frac{1}{2}\cdot\frac{h}{2}$, et comme sa solidité est $3a$, son moment sera $3a\frac{h}{4}$. Le second prisme dont la base est LEF, aura son centre de gravité élevé au-dessus du plan BCD de $\frac{1}{3}\cdot\frac{h}{2}$ (155); et comme sa solidité est $3a$, son moment sera $3a\frac{h}{6}$.

Enfin, si l'on nomme x' la hauteur du centre de gravité de la pyramide LCEF au-dessus de la base BCD, la hauteur du centre de gravité de la seconde pyramide ALMK sera évidemment $x'+\frac{h}{2}$, et l'on aura pour la somme des moments de ces pyramides :

$$ax'+a(x'+\frac{h}{2}) ; \text{ou, } \frac{ah}{2}+2ax'.$$

On aura donc en réunissant :

$$8ax=\frac{3ah}{4}+\frac{3ah}{6}+\frac{ah}{2}+2ax'$$

réduisant et divisant par $8a$:

$$x=\frac{7}{32}\cdot h+\frac{x'}{4}.$$

Si l'on supposait que, dans les pyramides semblables, les centres de gravité sont des points semblablement placés, comme les dimensions de la pyramide LCEF sont deux fois plus petites que celles de la pyramide proposée ABCD, on aurait :

$$x' = \frac{x}{2};$$

et substituant dans l'équation précédente, on trouverait :

$$x = \frac{1}{4} h.$$

Ce qui nous ferait voir que dans toute pyramide triangulaire, le centre de gravité est élevé au-dessus de chaque face, au quart de la hauteur de l'angle opposé. D'où il est facile de conclure qu'il est au point déterminé ci-dessus. Mais on peut parvenir à l'équation précédente sans aucune hypothèse.

En effet, si l'on imagine que l'on ait fait dans la petite pyramide LCEF la même construction que l'on a faite dans la pyramide ABCD, en nommant x'' la distance analogue à celle qu'on a nommée x', et observant que la hauteur de la nouvelle pyramide n'est que la moitié de la hauteur h de la première, on aura, comme ci-dessus.

$$x' = \frac{7}{32} \cdot \frac{h}{2} + \frac{x''}{4}$$

et continuant la même construction dans les pyramides successives, on trouvera :

$$x'' = \frac{7}{32} \cdot \frac{h}{4} + \frac{x'''}{4},$$

$$x''' = \frac{7}{32} \cdot \frac{h}{8} + \frac{x^{\text{iv}}}{4}, \text{ etc., etc.}$$

x''', x^{iv}, etc. désignant les distances successives des centres de gravité des pyramides, à la base. Or ces distances diminuent sans cesse, et deviennent plus petites que toute grandeur donnée, puisqu'elles sont toujours moindres que les hauteurs des pyramides dans lesquelles on les considère. On aura donc en substituant successivement dans la première équation à la place de x', x'', x''' etc., leurs valeurs :

$$x = \frac{7}{32} \cdot h + \frac{7}{32} \cdot \frac{h}{8} + \frac{7}{32} \cdot \frac{h}{64} + \text{etc.}$$

ou $\quad x = \frac{7}{32} h \left(1 + \frac{1}{8} + \frac{1}{64} + \text{etc.} \right)$

d'où l'on tire $\quad x = \frac{7}{32} \cdot h \times \frac{8}{7} = \frac{1}{4} h;$

ce qu'il fallait démontrer.

Remarque.

157. Soient quatre masses égales dont les centres de gravité soient placés aux quatre angles d'une pyramide triangulaire : le centre de gravité de ces quatre corps est le même que celui de la pyramide.

Car, pour trouver celui des quatre corps, il n'y aurait qu'à prendre d'abord le centre de gravité de trois quelconques d'entre eux, lequel est au centre de gravité de la face même aux angles desquels ils sont placés (152), et joignant ensuite le centre de gravité du quatrième corps à ce point, il faudrait diviser cette droite en partant de la face en raison réciproque de 3 à 1.

Or, cette construction donne aussi le centre de gravité de la pyramide. Il résulte delà que la distance du centre de gravité d'une pyramide triangulaire à un plan situé d'une manière quelconque dans l'espace est égale à la moyenne distance de ses quatre angles au même plan.

La même propriété appartient aussi au prisme triangulaire.

Remarque générale.

158. Pour déterminer le centre de gravité d'un polyèdre, il n'est pas toujours nécessaire de le décomposer en pyramides triangulaires,

il se présente souvent des simplifications dont il faut profiter.

Par exemple, on trouvera le centre de gravité d'un prisme quelconque à bases parallèles, en prenant le centre de gravité de la section parallèle aux bases, menée entre elles à égales distances : ou bien, en prenant le milieu de la ligne qui joint les centres de gravité de ces deux bases.

Cette proposition est si facile à démontrer directement, ou à déduire de ce que nous avons dit sur le prisme triangulaire qu'il est inutile de s'y arrêter.

159. Si l'on considère un cylindre quelconque à bases parallèles comme un prisme dont la base est un polygone d'une infinité de côtés, il résulte de ce que nous venons de dire, que le centre de gravité de ce cylindre est au milieu de la droite qui joint les centres de gravité de ses deux bases.

160. On a pu voir précédemment que le centre de gravité d'une pyramide triangulaire, est le même que le centre de gravité de la section parallèle à la base, menée au quart de la hauteur du sommet.

Cette propriété s'étend à une pyramide quelconque. Car, si l'on partage la base en triangles par des diagonales, et que l'on conduise des plans par ces lignes et par le sommet, on décomposera la pyramide proposée en autant de pyramides triangulaires qu'il y a de triangles dans la base. Toutes ces pyramides auront même hauteur ainsi que la proposée, et par conséquent leurs solidités respectives seront proportionnelles à leurs bases ou à des sections parallèles faites à même hauteur. Donc, si l'on coupe toutes ces pyramides par un plan parallèle au plan de leurs bases, mené au quart de la hauteur du sommet commun, puisque leurs centres de gravité respectifs sont les mêmes que ceux des sections triangulaires correspondantes, et que leurs solidités (ou leurs poids) sont proportionnelles à ces sections, il s'ensuit que le centre de gravité du système de ces pyramides, est le même que celui de tous les triangles, ou du polygone qui résulte de leur assemblage.

Mais, si l'on tire une ligne droite du sommet au centre de gravité de ce polygone, cette droite ira passer au centre de gravité de la base, et sera coupée par le plan du polygone aux trois quarts de sa longueur en partant du sommet, ou au quart en partant de la base.

Donc, *le centre de gravité d'une pyramide à base quelconque, est sur la ligne menée du sommet au centre de gravité de la base, au* quart de cette ligne en partant de la base, ou aux trois quarts, en partant du sommet.

161. En considérant le cône comme une pyramide dont la base est un polygone d'une infinité de côtés, on voit que le centre de gravité d'un cône à base quelconque, est sur la ligne qui joint le sommet au centre de gravité de la base, au quart de cette ligne à partir de la base, ou aux trois quarts, à partir du sommet du cône.

On pourrait multiplier les exemples, mais ce que nous avons dit suffit pour l'objet que nous nous sommes proposé. Nous terminerons par deux propriétés remarquables des centres de gravité.

I.

162. Lorsque des forces P, Q, R, S, etc. dirigées comme on voudra dans l'espace, se font équilibre autour d'un même point A, on sait que ces forces estimées suivant une droite quelconque AX passant par ce point, doivent aussi se faire équilibre.

Donc, si ces forces sont représentées par les parties AP, AQ, AR, AS, etc. de leurs directions, la somme de leurs projections Ap, Aq, Ar, As, etc. sur l'axe AX, doit être égale à zéro; en comptant comme positives les

Fig. 42.

projections qui tombent d'un même côté du point A, et comme négatives celles qui tombent de l'autre côté. Mais, si l'on menait par le point A un plan MN perpendiculaire à AX, les projections Ap, Aq, Ar, etc. exprimeraient les distances des extrémités des forces au plan MN, donc, puisque leur somme est nulle, la moyenne distance de ces points au plan MN est aussi nulle.

Donc, lorsque tant de forces que l'on voudra sont en équilibre autour d'un point, ce point est le centre de gravité de corps ou points massifs égaux qui seraient placés aux extrémités des lignes qui représentent les forces en grandeurs et en directions.

Et réciproquement, si l'on considère un assemblage quelconque de masses égales, et qu'on mène de leurs différents centres, des lignes au centre de gravité du système, il est visible que des forces exprimées en grandeurs et en directions par ces lignes, se feraient équilibre entre elles.

Car, la moyenne distance des extrémités de ces forces à un plan quelconque passant par le centre de gravité, serait nulle; la somme de ces forces estimées suivant un axe quelconque passant par ce point serait donc nulle aussi, et par conséquent il y aurait équilibre.

On voit par là que si trois forces sont en équilibre sur un point, ce point est le centre de gravité du triangle formé par les droites qui joindraient les extrémités des lignes qui représentent ces forces en grandeurs et en directions. Car, le centre de gravité du triangle est le même que celui de trois corps égaux dont les centres sont placés aux trois angles.

Et de même, si quatre forces sont en équilibre autour d'un point, ce point est le centre de gravité de la pyramide triangulaire formée par les six droites qui joignent les extrémités des lignes qui représentent les quatre forces en grandeurs et en directions.

Et réciproquement, il y a équilibre entre trois forces exprimées par les distances des trois angles d'un triangle quelconque, au centre de gravité de ce triangle ; et de même, entre quatre forces représentées par les distances des quatre coins d'une pyramide triangulaire quelconque, au centre de gravité de cette pyramide.

Mais voici une conséquence plus générale : si l'on suppose que toutes les molécules égales d'un corps de figure quelconque, soient attirées vers un même point par des forces proportionnelles à leurs distances à ce point, et qu'il y ait équilibre, ce point sera nécessairement le centre de gravité du corps.

Et réciproquement, si le point vers lequel toutes les molécules sont attirées proportionnellement à leurs distances est le centre de gravité du corps, il y aura équilibre ; et le corps ne pourra prendre aucun mouvement en vertu de ces attractions.

C'est le cas de la terre dont les molécules intérieures pèsent vers le centre, en raison des simples distances. Ainsi, toutes les forces de la gravité se font équilibre autour du centre de la terre.

II.

Fig. 43. 163. Soit une courbe plane quelconque ABC, qui tourne autour d'un axe PZ situé dans son plan, de manière que tous les points de la courbe demeurent toujours aux mêmes distances de cet axe, cette courbe engendre une surface que l'on nomme *surface de révolution*.

Pour en déterminer l'aire, on peut remarquer que chaque élément ds de la courbe génératrice produit une surface de cône tronqué dont l'aire est égale au côté ds multiplié par la circonférence du cercle que décrit son milieu, ou son centre de gravité i, autour de l'axe PZ.

Donc, si l'on suppose tous ces éléments égaux, la surface entière sera égale à leur somme multipliée par la circonférence moyenne entre celles que décrivent tous leurs centres de gravité.

Mais cette moyenne circonférence a pour rayon la moyenne distance de tous ces points à l'axe de révolution, ou bien (138) la distance du centre de gravité de la courbe au même axe ; donc on peut dire :

Que l'aire d'une surface de révolution est égale à la longueur de la génératrice, multipliée par la circonférence que décrit son centre de gravité, autour de l'axe de révolution.

On voit de la même manière que si plusieurs courbes situées dans le même plan, tournent autour d'un axe situé dans ce plan, la somme des surfaces engendrées est égale à la somme des génératrices, multipliée par la circonférence que décrit le centre de gravité de leur système.

Mais il faut observer que lorsque la génératrice ou les génératrices ne sont pas situées en entier d'un même côté de l'axe, l'expression précédente ne donne plus que la somme des aires engendrées par les parties qui sont d'un côté de cet axe, moins la somme des aires engendrées par les parties qui sont de l'autre côté.

164. On peut appliquer aussi la théorie des

centres de gravité à la cubature des solides de révolution. Et il n'est pas difficile de voir que *le volume d'un solide de révolution est égal à l'aire de la section génératrice multipliée par la circonférence que décrit son centre de gravité autour de l'axe fixe.*

Fig. 44.   En effet, si l'on considère un rectangle $bcde$ qui tourne autour de l'axe PZ parallèle à l'un de ses côtés be, il est clair que le solide engendré par ce rectangle est égal à la différence de deux cylindres de même hauteur cd, et dont l'un a pour rayon la distance ca du côté cd, à l'axe fixe; et l'autre, la distance ba du côté be, au même axe. Ce solide est donc exprimé par $(\varpi \overline{ac}^2 - \varpi \overline{ab}^2) cd$, en nommant ϖ le rapport de la circonférence au diamètre. Si l'on met $ca - cb$, à la place de ab, l'expression précédente devient : $\varpi (2 ac \times bc - \overline{bc}^2) cd$, ou $bc \times cd \times 2 \varpi (ac - \dfrac{bc}{2})$; c'est-à-dire, égale au rectangle $bcde$, multiplié par la circonférence décrite d'un rayon moyen entre les rayons ca et ba, ou bien égal à la distance du centre de gravité du parallélogramme à l'axe de révolution.

Donc, si l'on conçoit la section génératrice ZMN comme partagée en une infinité de petits rectangles égaux, on pourra dire que le solide total engendré est égal à la somme de tous ces rectangles; ou à l'aire de la section ZMN multipliée par la circonférence moyenne entre toutes celles que décrivent leurs centres de gravité autour de l'axe. Mais cette moyenne circonférence a pour rayon la moyenne distance de tous ces points au même axe, ou la distance du centre de gravité à cet axe ; donc, etc.

165. On pourrait voir encore, par un raisonnement à peu près semblable au précédent, que, si une surface plane terminée par une courbe quelconque, se meut dans l'espace, de manière que son plan soit toujours (au même point) perpendiculaire à une courbe quelconque à double courbure, le solide engendré est égal à l'aire de la surface génératrice multipliée par la longueur de la courbe que parcourt son centre de gravité.

Mais, nous ne nous arrêterons pas à démontrer cette proposition que l'on pourrait déduire aussi bien que les précédentes, des formules connues pour les centres de gravité. Nous ne ferons même aucune application particulière de cette théorie aux surfaces et aux solides dont on a immédiatement la mesure en géométrie. Notre seul but était de montrer ce rapprochement remarquable de considérations qui paraissent d'abord étrangères entre elles, mais qui s'enchaînent comme toutes les questions soumises aux mathématiques, et se fondent, pour ainsi dire, les unes dans les autres, lorsqu'on écarte un instant et les idées et les noms que l'objet particulier de chaque question nous rappelle.

CHAPITRE IV.

DES MACHINES.

166. On définit ordinairement les machines, des instruments destinés à transmettre l'action des forces.

Sous ce point de vue général, tous les corps de la nature sont des machines, parce qu'ils sont propres à transmettre l'action des forces qui leur sont appliquées. Mais lorsque des forces réagissent les unes sur les autres par l'intermède d'un corps ou système parfaitement libre, il est impossible qu'elles se fassent équilibre, à moins qu'elles ne remplissent les conditions que nous avons établies précédemment : or, au moyen des machines proprement dites, on peut mettre en équilibre des forces quelconques qui ne satisfont pas à ces conditions ; et par conséquent, pour mieux caractériser les machines, et les distinguer des autres corps, on pourrait les définir des instruments propres à mettre en équilibre des forces de grandeurs et de directions quelconques.

Mais si des forces incapables de se faire équilibre sur un corps entièrement libre, peuvent néanmoins se faire équilibre sur une machine, il faut en conclure que les corps qui forment les machines ne sont pas entièrement libres, mais sont gênés par des obstacles qui les empêchent d'obéir au mouvement que les forces tendent à leur imprimer, et leur imprimeraient réellement, s'ils étaient libres. Ainsi l'on voit que *les machines en général ne sont autre chose que des corps ou systèmes gênés dans leurs mouvements par des obstacles quelconques.*

Il n'est pas difficile de comprendre, d'après cela, comment des forces de grandeurs quelconques peuvent se faire équilibre sur de tels corps ; car il n'est plus nécessaire que les forces résultantes soient nulles d'elles-mêmes, mais il suffit qu'elles se dirigent vers les obstacles qui les détruisent par leurs résistances. Ainsi, à l'aide d'un corps solide qui s'appuierait, par exemple, contre un point fixe, une force médiocre ferait équilibre à une très-grande force, si elle était disposée à l'égard de celle-ci, de manière que leur résultante commune fût dirigée vers le point fixe ; d'où l'on voit que la plus petite force seule ne fait pas équilibre à la plus grande, ce qui serait impossible ; mais qu'elle ne sert, en quelque sorte, qu'à détourner l'effort de la plus grande, et à le faire passer avec le sien propre combiné, vers un obstacle invincible.

Au fond, lorsque l'on fait équilibre à une puissance quelconque, à l'aide d'une machine, on emploie réellement plus de force qu'en appliquant directement une force égale et contraire à celle qu'on veut détruire, si l'on compte la résistance de l'obstacle pour une force. Mais comme ces résistances qui proviennent des obstacles sont par elles-mêmes incapables de produire du mouvement, et ne peuvent servir qu'à le détruire, nous n'en tenons pas compte, parce que nous ne dépensons réellement que la force appliquée. Au reste, dans la théorie de l'équilibre des machines, rien n'empêche de considérer les obstacles comme tenant lieu de forces égales et contraires à celles qu'ils détruisent actuellement ; et si l'on conçoit qu'on ait ainsi substitué à la place de ces obstacles, des forces qui représentent leurs résistances actuelles, ce n'est plus entre les seules forces appliquées qu'il y a équilibre, mais entre les forces appliquées et les résistances ; de manière que les lois de l'équilibre des machines deviennent les mêmes que celles de l'équilibre des corps parfaitement libres.

C'est d'après cette considération que nous avons trouvé à la fin du second chapitre les lois de l'équilibre de corps assujettis à diverses conditions particulières. Ceux qui auront lu cet article, verront que nous aurions peu de chose à y ajouter ici, et qu'il renferme de la manière la plus générale la théorie de l'équilibre des trois machines simples auxquelles on peut aisément ramener toutes les autres; mais, en faveur de ceux qui veulent étudier les machines d'une manière plus élémentaire, nous allons entrer dans les détails convenables.

167. Nous réduirons les machines simples à trois principales, que l'on peut considérer, si l'on veut, dans l'ordre suivant, eu égard à la nature de l'obstacle qui gêne le mouvement du corps : le *levier*, le *tour* et le *plan incliné*.

Dans la première machine, l'obstacle est un *point fixe* autour duquel le corps a la liberté de tourner en tous sens.

Dans la seconde, l'obstacle est une *droite fixe* autour de laquelle tous les points du corps n'ont que la liberté de tourner dans des plans parallèles entre eux.

Dans la troisième, l'obstacle est un *plan inébranlable* contre lequel le corps s'appuie, et sur lequel il a la liberté de glisser.

Comme on n'a d'abord considéré cette dernière machine que par rapport aux corps pesants retenus en équilibre sur des plans qui sont inclinés à l'horizon, on lui a donné et elle a gardé le nom de *plan incliné*.

Nous parlerons successivement de ces trois machines, et de quelques-unes qui s'y rapportent, dont l'usage est le plus fréquent. Nous ferons abstraction des diverses circonstances physiques qui peuvent influer sur l'équilibre ; telles que le frottement des corps les uns sur les autres, et la roideur des cordes au moyen desquelles les forces transmettent leur action aux divers points de la machine. Ainsi l'on supposera que l'action de chaque force se transmet suivant l'axe de la corde à laquelle elle est appliquée, de manière que l'on pourra considérer les cordes comme des fils parfaitement flexibles et inextensibles. On verra facilement dans quels cas et comment on doit avoir égard aux diamètres des cordes. Au reste, nous parlerons plus loin de ces sortes d'instruments qu'on a mis au rang des machines, et qu'on nomme *machines funiculaires*. Ce que nous en avons dit ici suffit pour notre objet.

DU LEVIER.

168. Soient deux forces quelconques P et Fig. 45. Q, appliquées immédiatement ou suivant des cordons, aux deux points A et B d'un levier

AFB de figure quelconque : soit F le point fixe, autour duquel le levier a la liberté de tourner, et qu'on nomme ordinairement le *point d'appui* : on demande les conditions de l'équilibre, en faisant d'abord abstraction de la pesanteur du levier.

Du point F j'abaisse sur les directions des deux forces P et Q, deux perpendiculaires FH, FI, qui rencontrent ces directions prolongées, s'il est nécessaire, en H et I ; et regardant ces deux points comme invariablement liés aux points A et B, je suppose que les deux forces P et Q y agissent immédiatement.

Cela posé, j'applique au point F deux forces contraires P' et — P, égales et parallèles à P ; et, au même point F, deux autres forces contraires Q' et — Q, égales et parallèles à Q. Il est clair que le levier reste toujours dans le même état : mais l'on peut considérer actuellement, au lieu des deux forces primitives P et Q, 1°. deux forces P' et Q' respectivement égales et parallèles à ces forces, et de même sens, mais appliquées en F ; 2° deux couples (P,—P), (Q,—Q), dont les bras de levier sont FH et FI.

Or, la résultante des deux forces P' et Q' est toujours détruite par la résistance du point d'appui, si l'on suppose le levier invariablement lié à ce point, de manière qu'il ne puisse prendre qu'un mouvement de rotation autour de lui. Mais le couple résultant des deux couples $(P,-P)$ et $(Q,-Q)$ ne peut jamais être détruit par ce point fixe (74); et par conséquent il faut, pour l'équilibre, que ce couple résultant soit nul de lui-même, ou que les deux couples composants $(P,-P)$ et $(Q,-Q)$ soient équivalents et contraires. Ces deux couples doivent donc se trouver dans des plans parallèles, et par conséquent dans le même plan, puisque leurs plans se rencontrent déjà au point F. En second lieu, leurs moments $P \times FH$, $Q \times FI$ doivent être égaux, et ils doivent tendre à faire tourner en sens contraires.

Donc, *pour l'équilibre du levier, il est nécessaire, et il suffit* : 1° *que les deux forces P et Q qui le sollicitent, soient dans un même plan avec l'appui;* 2° *que leurs moments par rapport à ce point soient égaux;* 3° *qu'elles tendent à faire tourner en sens contraires.*

A l'égalité des moments $P \times FH = Q \times FI$, on peut substituer la proportion $P : Q :: FI : FH$, qui exprime que les forces P et Q doivent être en raison réciproque de leurs distances au point d'appui.

De la charge du point d'appui.

169. Dans le cas de l'équilibre, l'appui n'est

pressé que par les deux forces P' et Q' qui y sont immédiatement appliquées; car les deux couples (P, — P), (Q, — Q) étant en équilibre d'eux-mêmes, c'est-à-dire, même en supposant que le levier ne soit pas soutenu, il est clair qu'ils ne peuvent nullement charger le point fixe.

Ainsi *la pression qu'éprouve le point d'appui est absolument la même que si les deux forces P et Q s'y transportaient parallèlement à elles-mêmes, sans changer de grandeurs ni de sens.*

170. Si l'on achève sur les côtés FP', FQ' qui représentent les forces P' et Q', le parallélogramme FQ'RP', la diagonale FR représentera donc la charge R de l'appui; et par conséquent, si la résistance de cet appui n'est pas indéfinie, on pourra juger de quelle résistance il doit être capable, pour n'être pas entraîné par l'action des forces P et Q qui sollicitent le levier.

Comme les forces P' et Q' sont parfaitement égales et parallèles aux forces respectives P et Q, et de même sens, les trois côtés et les trois angles du triangle FRQ', ou du triangle FRP', représentent les six choses que l'on peut considérer dans le levier; savoir: les deux forces P et Q, la charge R de l'appui, et les inclinaisons mutuelles des directions de ces trois forces.

Donc, si l'on connaît trois quelconques de ces six choses, pourvu qu'il y entre la grandeur de l'une des forces P, Q, R, on pourra trouver les trois autres, de la même manière que l'on résoudrait le triangle FRQ'.

171. Observons que tout ce que nous avons dit a lieu, quelles que soient la figure du levier et les dispositions mutuelles des forces P et Q, et du point d'appui.

Si les forces P et Q sont parallèles, on peut mener du point fixe une perpendiculaire commune IH sur leurs directions, et ces deux forces devront être, en raison réciproque des parties FH et FI, comprises entre leurs directions et l'appui.

Fig. 46.

La charge de ce point sera égale à la somme des forces $P+Q$, ou à leur différence $P-Q$, selon qu'elles seront toutes deux de même sens (fig. 46), ou de sens contraires (fig. 47).

Lorsque le levier est droit, les parties HF et FI sont proportionnelles aux parties AF et BF, qui sont les distances des points d'application des forces au point d'appui, distances comptées sur le levier lui-même, et que l'on nomme proprement *les bras de levier*; et par conséquent, dans l'équilibre du levier droit, les forces sont réciproques à leurs bras de levier.

172. Si l'on veut considérer l'une des deux forces P et Q, la force P, par exemple, comme celle qui tend à donner le mouvement à la machine, et que l'on nommera la *puissance*, et l'autre force Q, comme l'effort qu'il faut vaincre, et que l'on nommera la *résistance*, on pourra distinguer plusieurs espèces de levier, suivant la place qu'occupe le point d'appui F, relativement à ces deux forces.

Fig. 46. Si l'appui tombe entre la puissance et la résistance, on aura le levier de la première espèce, où la puissance a d'autant plus d'avantage, que son bras de levier AF est plus long.

Fig. 47. Si l'appui laisse la résistance Q entre lui et la puissance P, on aura le levier de la seconde espèce, où la puissance a toujours de l'avantage.

Fig. 48. Enfin, si la puissance tombe entre le point d'appui et la résistance, on aura le levier de la troisième espèce, où la puissance a toujours du désavantage.

Mais ces différents leviers reviennent tous au même sous le rapport de l'équilibre. De quelque manière que la puissance et la résistance soient disposées entre elles et à l'égard du point d'appui, si on les transporte toutes deux parallèlement à elles-mêmes en ce point, il faut toujours que les deux couples qui en naissent soient équivalents et contraires : ainsi les distinctions précédentes sont inutiles dans la théorie, et ne peuvent servir que dans le discours.

173. Supposons actuellement que le levier soit sollicité par un nombre quelconque de puissances P, Q, R, etc. toutes situées dans un même plan avec le point d'appui F. En abaissant de ce point des perpendiculaires FH, FI, FK, etc. sur leurs directions, et considérant chaque force P comme transformée en une autre égale, parallèle et de même sens, appliquée en F, et en un couple (P, — P) qui a pour bras de levier la distance FH de cette force au point fixe, on verra, comme ci-dessus, que la résultante de toutes les forces transportées sur le point fixe, est toujours détruite par sa résistance ; mais que le couple résultant doit être nul de lui-même pour l'équilibre, comme si la verge était parfaitement libre : d'où l'on conclura que la somme des moments P×FH, Q×FI, R×FK, etc. doit être égale à zéro ; en comptant comme positifs tous les moments des forces qui tendent à faire tourner dans un sens, et comme néga-

Fig. 49.

tifs, les moments de celles qui tendent à faire tourner dans le sens contraire.

On trouvera aussi que la charge du point d'appui est absolument la même que si toutes les forces s'étaient transportées parallèlement à elles-mêmes en ce point, sans changer de grandeurs ni de sens.

174. Si les forces P, Q, R, etc. agissaient dans des plans différents, on verrait de la même manière qu'en transportant toutes ces forces parallèlement à elles-mêmes au point fixe, tous les couples qui en proviennent doivent donner un couple résultant nul de lui-même, ou doivent être en équilibre entre eux.

Mais pour exprimer cette condition, il faut ici trois équations qui expriment que la somme des moments des forces, estimés par rapport à trois axes qui se croisent dans l'espace au point d'appui, soit nulle d'elle-même à l'égard de chacun de ces axes.

Sur quoi l'on peut observer que les trois axes peuvent être menés d'une manière quelconque par le point fixe; pourvu qu'ils ne soient pas dans un même plan, car les trois équations précédentes n'assureraient pas alors l'équilibre du corps.

Puisque les couples qui naissent des forces

transportées au point fixe doivent être en équilibre d'eux-mêmes, il s'ensuit que les forces appliquées aux divers points du levier doivent se réduire aux mêmes forces, mais réunies parallèlement à elles-mêmes au point d'appui ; et par conséquent on peut exprimer la loi générale de l'équilibre du levier, en disant que les forces appliquées doivent avoir une résultante unique qui passe par le point fixe : proposition qui paraît assez évidente d'elle-même, et dont on part ordinairement comme d'un axiome, pour arriver aux conditions précédentes (114—116).

175. Jusqu'ici nous avons fait abstraction de la pesanteur du levier. Si l'on veut y avoir égard, il faudra considérer le poids de la verge comme une nouvelle force appliquée en son centre de gravité, suivant une direction verticale ; et l'on combinera cette force avec les autres, d'après ce que nous avons dit ci-dessus, comme si le levier était sans pesanteur. Ainsi l'on voit que, dans le cas, par exemple, où toutes les forces et la direction du poids du levier se trouvent dans un même plan avec l'appui, c'est la somme de tous les moments, en y comprenant celui du poids, qui doit être égale à zéro pour l'équilibre.

Donc, si l'on veut employer un levier dont le poids n'entre pour rien dans l'équilibre des forces, on n'aura qu'à le placer de telle sorte, que la verticale, abaissée de son centre de gravité, tombe au point d'appui : alors le moment du poids étant nul de lui-même, on n'aura plus à considérer que les moments des forces appliquées.

176. On a supposé que le point F du levier était arrêté dans tous les sens, de manière que le levier ne pût avoir qu'un mouvement de rotation autour de lui : pour se procurer un tel point au-dedans d'un corps, on le traverse ordinairement par un aissieu ou cylindre inflexible d'un diamètre quelconque; et lorsque le corps tourne autour de ce cylindre, il est absolument dans le même cas que s'il tournait autour de son axe considéré comme une ligne fixe; et tous les points d'une même section plane, qui est faite perpendiculairement à l'axe, et dont il résulte un cercle dans le cylindre, sont dans le même cas que s'ils tournaient autour du centre de ce cercle.

A la vérité, dans la disposition précédente, le levier n'a point la liberté de pirouetter en tous sens autour du point fixe; mais lorsque les forces qu'on y suppose appliquées sont toutes dans un plan perpendiculaire à l'axe autour duquel il peut tourner, les lois de l'équilibre y sont parfaitement les mêmes. Au reste, on pourrait pénétrer la verge par une sphère fixe qui la touchât au moins en quatre points, de manière que ces quatre points fussent comme les points de contact d'une pyramide circonscrite à sa surface. Le levier alors, en tournant autour de cette sphère, pourrait être considéré comme s'il tournait autour de son centre.

Mais le plus souvent le levier ne fait que poser sur l'appui fixe, comme on le voit fig. 46, 47, 48. Alors les conditions données plus haut ne suffisent plus pour l'équilibre, abstraction faite du frottement. Il faut, non seulement que les forces appliquées aient une résultante unique qui passe au point d'appui, mais encore que la direction de cette résultante soit normale à la surface de contact du levier avec l'appui : car si elle tombe obliquement sur le plan tangent à cette surface, on pourra la décomposer en deux autres, l'une perpendiculaire, et l'autre parallèle à ce plan : la première sera détruite ; mais la seconde obtiendra son effet, et fera glisser le levier sur l'appui, comme on le verra à l'article du plan incliné.

De la balance.

Fig. 50.   177. La balance ordinaire est un levier du premier genre, aux extrémités duquel sont suspendus par des cordons deux bassins destinés à recevoir les corps dont on veut comparer les poids. On dispose ordinairement cette machine de manière que son centre de gravité passe par la verticale menée par le point d'appui F, et que les bras de levier FA et FB soient parfaitement égaux. Alors on est sûr que deux corps graves qui se font équilibre dans les bassins, ont des poids parfaitement égaux, et par conséquent renferment des quantités égales de matière. Ainsi, en prenant le poids d'un corps quelconque pour unité, on évaluera les masses respectives des différents corps, en cherchant à combien d'unités de poids ils font équilibre.

Pour qu'une balance soit bien juste, il faut donc, en premier lieu, que son centre de gravité tombe dans la verticale menée par le point d'appui.

C'est ce que l'on vérifie sur-le-champ, en examinant si la balance est en équilibre d'elle-même, c'est-à-dire, lorsque les bassins sont vides; et si cela n'a pas lieu, on rectifie aisément la balance à cet égard, en attachant à l'un des bassins ou des bras de levier un poids convenable qui rétablisse l'équilibre.

Il faut, en second lieu, que le point d'appui divise le levier ou le *fléau* en deux parties parfaitement égales; et cette seconde condition est la plus importante.

Pour voir si elle a lieu, on n'a qu'à mettre deux corps en équilibre dans les bassins, et les changer ensuite de place. Si les bras de levier sont égaux, l'équilibre doit subsister encore; car les poids qui se sont fait équilibre sont égaux aussi, et il doit être indifférent de les changer de bassins.

Mais si les bras de levier sont inégaux, l'équilibre sera détruit; car les poids qui se sont fait équilibre sont en raison inverse de ces bras de levier : or, en les changeant de place, le plus grand poids agira à l'extrémité du bras de levier le plus long, et par cette double raison, entraînera nécessairement l'autre.

La balance alors sera fausse, et l'on ne pourra la rectifier qu'en changeant le point d'appui, ou le point de suspension de l'un des bassins.

On pourra néanmoins s'en servir, et connaître par deux épreuves le poids véritable d'un corps.

Car, soit P le poids inconnu du corps; x et y les deux bras de la balance; et supposons que le poids P, placé dans le bassin qui répond au premier bras de levier x, fasse équilibre à un poids connu A placé dans l'autre bassin, on aura :

$$P x = A y.$$

Mettons actuellement le poids P dans le bassin qui répond au bras de levier y, et supposons qu'il fasse équilibre à un poids connu B placé dans l'autre, on aura :

$$P y = B x.$$

Multipliant ces deux équations membre à membre, il vient :

$$P^2 = AB ; \text{ d'où } P = \sqrt{AB}.$$

C'est-à-dire, que le poids du corps est moyen proportionnel géométrique entre les deux poids auxquels il fait alternativement équilibre dans les deux bassins de la balance.

De la Poulie.

178. L'ÉQUILIBRE de la poulie se rapporte naturellement à celui du levier.

Fig. 51. La poulie est une roue circulaire ABK, mobile dans une chappe CN, autour d'un axe C.

Une partie AB de sa circonférence est enveloppée par une corde PABQ dont les deux extrémités sont tirées par deux forces P et Q. Si l'on mène les deux rayons CA et CB aux deux points extrêmes de contact, on peut regarder les deux forces P et Q comme appliquées aux extrémités d'un levier coudé ACB, dont les deux bras sont parfaitement égaux; et par conséquent il faut, pour l'équilibre, que les deux forces P et Q soient parfaitement égales.

Pour la charge du centre C de la poulie, elle est la même (169) que si les deux forces P et Q s'y transportaient parallèlement à leurs directions, en P' et Q'. Ainsi, en achevant sur les deux lignes CP' et CQ', qui représentent leurs grandeurs, le losange P'CQ'R, la diagonale CR représentera la charge R du point C.

Mais si l'on joint AB, on formera un triangle isoscèle ACB, semblable au triangle P'CR; et par conséquent l'on aura :

$$P' \text{ ou } P : R :: AC : AB.$$

C'est-à-dire, que *l'une des deux forces P et Q appliquées à la corde, est à la charge que supporte l'axe de la poulie, comme le rayon de la poulie est à la sous-tendante de l'arc embrassé par la corde.*

179. Supposons que l'axe, au lieu d'être fixe, soit retenu par une force égale et contraire à la pression qu'il éprouve, et que l'extrémité du cordon AF, au lieu d'être tirée par la force P, soit invariablement attachée à un point fixe F, l'équilibre de la poulie ne sera point troublé, et le cordon demeurera toujours tendu de la même manière.

Fig. 52.

La puissance Q sera donc à la force qui retient le centre de la poulie, dans le même rapport que ci-dessus.

Ainsi, en considérant un poids P attaché à la chappe CN par un cordon dirigé vers le centre de la poulie, on aurait *la puissance Q qui tend à faire monter le poids, est à ce poids comme le rayon de la poulie est à la sous-tendante de l'arc embrassé par la corde.*

Lorsque l'arc est égal au tiers de la demi-circonférence, la sous-tendante AB est égale au rayon, et la puissance est égale à la résistance.

Fig. 53. Lorsque les deux parties de la corde sont parallèles, la sous-tendante AB est double du rayon, et la puissance n'est que la moitié de la résistance.

C'est le cas le plus favorable à la puissance, puisque le diamètre est la plus grande corde du cercle.

Du Tour.

180. Le *tour* en général est, comme nous l'avons dit, un corps solide de figure quelconque qui n'a que la liberté de tourner autour d'un axe fixe.

Mais ce que l'on nomme *tour* ou *treuil* dans les arts est un cylindre, aux bases duquel on adapte ordinairement deux autres cylindres de même axe, mais d'un diamètre plus petit, et que l'on nomme *tourillons*. Ces tourillons reposent sur deux appuis fixes F et H; et le cylindre en tournant sur ses tourillons est absolument dans le même cas que s'il tournait autour de son axe considéré comme une ligne fixe.

Fig. 54.

La résistance que l'on se propose de vaincre, ou le poids Q que l'on veut élever, est appliquée à une corde qui s'enroule autour du cylindre, tandis qu'une puissance P le fait tourner, soit en agissant par une corde CP tangentiellement à une roue (CB) perpendiculaire à l'axe de ce cylindre, et solidement liée avec lui; soit en agissant à l'extrémité d'une barre qui traverse le cylindre à angle droit, soit au moyen d'une manivelle, etc. etc.

Les dénominations du tour varient suivant l'objet auquel on le destine, et suivant sa position. On le nomme ordinairement *tour* ou *treuil* lorsque l'axe du cylindre est horizontal, et *cabestan* lorsque l'axe est vertical, et qu'on se sert de barres pour y appliquer la puissance. Mais, quels que soient l'objet et la position de cette machine, et de quelque manière qu'on lui communique le mouvement, les conditions de l'équilibre y sont toujours les mêmes. Ainsi nous la considérerons, pour plus de simplicité, sous le premier aspect. Nous supposerons que l'axe AB du cylindre soit horizontal, et par conséquent, le plan de la roue vertical; que la puissance P agisse suivant une direction tangente en un point donné C, à la circonférence de la roue; et que la résistance Q agisse dans un plan parallèle à celui de la roue, suivant une direction verticale tangente à la surface du cylindre, ou plutôt à la circonférence de la section circulaire DIO faite dans ce cylindre au point D de contact.

Il s'agit de déterminer d'abord le rapport de la puissance à la résistance dans le cas de l'équilibre; et en second lieu, les pressions qu'éprouvent les appuis F et H qui soutiennent les tourillons.

Soit B le centre de la roue; A celui de la section DIO. Menez les rayons CB et DA qui seront perpendiculaires aux forces respectives P et Q.

Je transporte la force Q parallèlement à elle-même du point D au point A. Il en naît une force Q' égale et parallèle à Q et de même sens appliquée en A, et un couple $(Q, -Q)$ qui a pour bras de levier le rayon DA du cylindre. Je transporte de même la puissance P de C en B, il en naît une force P' égale et parallèle et de même sens, appliquée en B, et un couple $(P, -P)$ qui a pour bras de levier le rayon CB de la roue.

Les deux forces P' et Q' étant appliquées aux deux points A et B qui appartiennent à l'axe fixe du cylindre, sont évidemment détruites par sa résistance.

Mais les deux couples $(P, -P)$ et $(Q, -Q)$ doivent se faire équilibre d'eux-mêmes ; car, si l'on transporte, pour plus de clarté, le couple $(Q, -Q)$ dans le plan du couple $(P, -P)$, ce qui est permis, on voit que ces deux couples se composent en un seul qui ne peut jamais être en équilibre autour du centre B de la roue. Le couple résultant doit donc être nul de lui-même, et par conséquent les deux couples contraires $(P, -P)$ et $(Q, -Q)$ doivent être équivalents. Donc, leurs moments $P \times CB$ et $Q \times DA$ doivent être égaux ; donc, on a : $P : Q :: DA : CB$.

C'est-à-dire, que *pour l'équilibre du tour, il faut que la puissance soit à la résistance, comme le rayon du cylindre est au rayon de la roue.*

Des pressions exercées sur les appuis.

181. Les deux couples $(P, -P)$ et $(Q, -Q)$ étant en équilibre d'eux-mêmes, il n'y a que les deux forces P' et Q' qui puissent charger l'axe fixe, et par conséquent les appuis : d'où l'on voit d'abord que *la pression exercée par les forces P et Q appliquées au treuil, est absolument la même que si ces forces étaient transportées sur l'axe, parallèlement à elles-mêmes, dans leurs plans perpendiculaires à cet axe.*

Pour obtenir les pressions individuelles des appuis F et H, on décomposera la force Q' en deux autres parallèles q et q' appliquées aux points respectifs F et H ; et de même la force P' en deux autres parallèles p et p' appliquées aux mêmes points. La résultante des deux forces p et q exprimera en grandeur et en direction la pression de l'appui F, et la résultante des deux forces p' et q', celle de l'appui H.

Nous avons fait abstraction de la pesanteur du treuil. Ordinairement le corps de cette machine est symétrique par rapport à l'axe fixe, et son centre de gravité tombe sur l'un des points de l'axe lui-même. Alors le poids du treuil ne trouble point la proportion établie ci-dessus entre la puissance et la résistance; mais il change les pressions exercées sur les appuis. Pour connaître les valeurs réelles de ces pressions, on considérera tout le poids du treuil comme une force verticale V appliquée en son centre de gravité G ; et si l'on décompose cette force en deux autres parallèles g et g', appliquées aux points F et H, la résultante des trois forces p, q et g exprimera la charge réelle de l'appui F ; et la résultante des trois forces p', q' et g' celle de l'appui H. De sorte que l'on saura de quelles résistances les deux points d'appui doivent être au moins capables, pour n'être pas entraînés par les efforts combinés des deux forces P et Q, et du poids V de la machine.

182. On a supposé que les cordes DQ, CP étaient infiniment déliées; mais les cordes sont ordinairement d'un diamètre fini, ce qui change sensiblement le rapport que nous avons établi entre la puissance et la résistance. En effet, les forces P et Q que l'on peut regarder comme agissantes suivant les axes des cordons, ont leurs bras de levier respectifs, augmentés des demi-

diamètres de ces cordons. L'on n'a donc pas alors : la puissance est à la résistance comme le rayon du cylindre est au rayon de la roue; mais bien : *la puissance P est à la résistance Q, comme le rayon du cylindre augmenté du rayon de la corde* DQ, *est au rayon de la roue augmenté du rayon de la corde* CP.

Si les rayons des cordes DQ et CP sont proportionnels aux rayons du cylindre et de la roue, cette proportion revient à la première, comme si les cordes étaient des fils infiniment petits, appliqués tangentiellement à la roue et au cylindre.

183. Si l'on veut considérer actuellement un tour sollicité par tant de forces que l'on voudra situées dans des plans perpendiculaires à l'axe; on verra, comme ci-dessus, qu'en transformant chaque force en une autre égale, parallèle et de même sens, appliquée sur l'axe, et en un couple qui aura pour bras de levier la distance de la force à l'axe, toutes les forces transportées sur l'axe seront toujours détruites par sa résistance; mais que tous les couples devront se réduire à un couple nul de lui-même pour l'équilibre. Or, tous ces couples étant dans des plans parallèles, le couple résultant sera égal à leur somme, et par conséquent il faudra pour l'équi-

libre, que la somme des moments des forces par rapport à l'axe, soit égale à zéro, en prenant avec des signes contraires les moments des forces qui tendent à faire tourner en sens contraire.

Pour les pressions exercées sur l'axe fixe, elles seront évidemment les mêmes que si toutes les forces appliquées s'y étaient transportées parallèlement à elles-mêmes, sans sortir de leurs plans perpendiculaires à cette ligne.

Lorsque les forces appliquées au treuil sont dirigées dans des plans quelconques, on a les conditions établies au n° 118.

DU PLAN INCLINÉ.

184. Lorsqu'un point est pressé contre un plan inébranlable et inflexible, par une force normale à ce plan, il est clair que ce point doit rester en équilibre. Car, il n'y a pas de raison pour qu'il se meuve dans le plan d'un côté plutôt que de l'autre, puisque toutes les directions qu'il pourrait prendre font un même angle droit avec la direction de la force; et d'ailleurs il ne peut se mouvoir à travers le plan qui est supposé parfaitement inflexible.

Réciproquement, le point dont il s'agit ne pourra être en équilibre, à moins que la force qui le presse ne soit normale au plan d'appui ; car, si elle y était inclinée, cette force pourrait se décomposer en deux autres, l'une perpendiculaire au plan, et l'autre située dans ce plan. La première serait détruite ; mais la seconde obtiendrait son effet, car il est visible qu'elle ne pourrait être altérée par la présence du plan le long duquel elle tend à s'exercer. Ainsi, il n'y aurait pas équilibre.

On peut dire la même chose d'un point qui s'appuie sur une surface courbe, et le considérer comme s'il reposait sur le plan tangent mené à la surface par ce point même. Il faut donc pour l'équilibre que la direction de la force qui le presse soit normale à ce plan, au point de contact ; et voilà pourquoi dans l'équilibre du levier qui ne fait que poser sur l'appui, il faut non seulement que la résultante des forces y passe, mais encore, qu'elle soit perpendiculaire à l'élément de contact du levier et de cet appui.

185. On voit donc, d'après ce que l'on vient de dire, que lorsqu'un corps est tenu en équilibre contre un plan inébranlable, ce plan ne peut détruire que des forces dont les directions lui sont normales aux différents points de contact, et que par conséquent sa résistance ne

peut faire naître que de telles forces en sens contraire.

Donc, si un corps de figure quelconque Fig. 55. sollicité par des forces quelconques P, Q, R, etc. ne s'appuie contre un plan que par un seul point O, il ne pourra demeurer en équilibre, à moins que toutes les forces P, Q, R qui lui sont appliquées ne soient en équilibre avec une force unique N, qui serait normale à ce plan au point O, et qui représenterait sa résistance actuelle. Donc, *pour l'équilibre d'un corps qui s'appuie par un seul point contre un plan, il faut 1.º que toutes les forces appliquées aient une résultante unique; 2º que la direction de cette résultante soit normale au plan; 3º qu'elle passe au point de contact.*

On voit que ces trois conditions reviennent à celles qu'on a données plus haut pour l'équilibre du levier qui ne fait que poser sur l'appui. Nous aurions pu les trouver par le même raisonnement, et les exprimer de la même manière, en disant : que toutes les forces appliquées étant transportées parallèlement à elles-mêmes au point de contact, doivent y donner une résultante normale au plan, et que tous les couples engendrés doivent donner un couple résultant nul de lui-même.

Fig. 56. 186. Lorsque le corps touche le plan par plusieurs points A, B, C, D, etc., chacun des points de contact fait naître une résistance normale au plan en ce point; mais toutes ces résistances qui sont parallèles et de même sens, se composent toujours en une seule, dont la direction tombe nécessairement dans l'intérieur du polygone formé par tous les appuis A, B, C, D, etc. Les forces appliquées doivent donc être en équilibre avec cette force unique; et par conséquent, *lorsqu'un corps s'appuie contre un plan par plusieurs points, il faut, pour l'équilibre, que les forces appliquées puissent se réduire à une seule, normale au plan, et dont la direction tombe dans l'intérieur du polygone formé par tous les points de contact.*

On voit par là que si le corps repose par une surface finie, la résultante doit rencontrer le plan en l'un quelconque des points de cette surface.

De la pression exercée sur le plan.

187. Lorsque le corps ne repose que par un seul point, il est clair, d'après ce que nous venons de dire, que la pression exercée par les forces est égale à leur résultante.

Fig. 57. Si le corps repose par deux points A et B,

la résultante N dont la direction tombe nécessairement entre A et B, sur la droite qui joint ces deux points d'appui, se décompose en deux forces parallèles p et q, qui expriment leurs pressions respectives.

Soit O le point où la résultante N va rencontrer la ligne AB; on aura, pour la pression p du point A, N : p :: AB : BO; et pour la pression q du point B, N : q :: AB : AO; d'où l'on voit que la résultante ou la pression totale N étant représentée par la distance AB des deux appuis, les deux pressions individuelles de ces points sont représentées réciproquement par leurs distances à la pression totale.

Si le corps repose par trois points A, B, C, Fig. 58. la résultante N des forces appliquées doit passer en quelque point O dans l'intérieur du triangle ABC (186). Si de l'un des angles, de l'angle A, par exemple, on mène la ligne AO, et qu'on la prolonge jusqu'à sa rencontre en I avec le côté opposé BC, la force N se décomposera en deux autres parallèles p et n appliquées aux points A et I. Ensuite la force n se décomposera en deux autres parallèles q et r appliquées en B et C; de sorte que les trois forces p, q, r exprimeront les pressions respectives des trois appuis A, B, C.

Formons autour du point O, comme sommet,

et sur les trois côtés respectifs BC, AC, AB comme bases, les trois triangles BOC, AOC, AOB. Si l'on représente la pression totale exercée en O par l'aire du triangle ABC, les pressions exercées aux trois angles A, B, C seront représentées par les aires respectives des triangles BOC, AOC, AOB formés sur les côtés opposés.

Car, la force N appliquée en O, est à la force p appliquée en A comme AI est à OI : mais les triangles BAC, BOC, ayant même base BC, sont entre eux comme leurs hauteurs, ou comme les lignes AI et OI également inclinées sur la base ; on a donc : N : p :: ABC : BOC. Mais un même raisonnement prouverait qu'on a, N : q :: ABC : AOC ; et N : r :: ABC : AOB ; donc, etc.

188. Lorsque le corps s'appuie sur le plan par plus de trois points, ou seulement par trois (s'ils tombent en ligne droite), les pressions individuelles des appuis sont indéterminées, parce qu'il y a une infinité de manières de décomposer la force N en d'autres forces parallèles appliquées en ces points.

Il suffit que ces pressions individuelles satisfassent à ces conditions : 1° qu'elles soient toutes de même sens que la pression totale ; 2° qu'elles puissent se composer en une seule, égale à cette pression totale, et appliquée au même point O. Cette dernière condition exige trois équations, dont la première exprime que la somme des pressions est égale à la pression totale ; et les deux autres, que la somme des moments des pressions individuelles, par rapport à deux axes quelconques tirés dans le plan des appuis, est égale au moment de la pression totale, par rapport aux mêmes axes (125).

189. Si l'on veut considérer actuellement l'équilibre d'un corps qui s'appuie à la fois contre plusieurs plans, on observera que chacun de ces plans fait naître, aux divers points de contact, des résistances de même sens, perpendiculaires à ce plan, et qui, par conséquent, se composent toujours en une seule perpendiculaire au même plan. Il faut donc que toutes les forces appliquées soient en équilibre avec ces diverses résistances, qui seront en même nombre que les plans d'appui ; et par conséquent, les forces qui tiennent en équilibre un corps appuyé sur plusieurs plans, doivent toujours se réduire à autant de forces, dirigées perpendiculairement vers ces plans respectifs, et qui tombent, pour chacun d'eux, dans l'intérieur du polygone formé par les points de contact.

190. On voit par là que si le corps ne s'appuie que sur deux plans, en deux points, par exemple, et n'est sollicité que par une seule force, ou par des forces qui aient une résultante unique, cette force ou cette résultante unique doit pouvoir se décomposer en deux autres dirigées suivant les normales menées aux deux plans par les points de contact. Ainsi, il faut que les deux normales aillent concourir en un même point situé sur la direction de la force qui presse le corps, et se trouvent dans un même plan avec elle. D'ailleurs, cette force doit être dirigée dans l'angle des deux normales, qui est opposé à celui des deux plans, et son action doit avoir lieu vers cet angle, afin que ses deux composantes suivant les deux normales tendent à pousser le corps contre les plans, c'est-à-dire, en sens contraires des résistances qu'ils font naître.

191. Si le corps s'appuie par trois points sur trois plans différents, la force qui le presse doit être réductible à trois autres dirigées suivant les trois normales menées aux plans par les points de contact.

Mais il ne faut pas conclure delà que les trois normales doivent concourir en un même point sur la direction de la force, ni même qu'il doive y avoir une seule rencontre entre deux de ces quatre lignes; car, trois forces qui ne se rencontrent pas peuvent se composer en une seule, et une seule force peut se décomposer suivant trois directions qui ne rencontrent pas la sienne, et qui ne se rencontrent pas entre elles (109).

192. Ce que nous venons de dire contient toute la théorie de l'équilibre des corps qui s'appuient sur des plans. Nous allons en faire quelques applications très-simples.

Soit un corps de figure quelconque, appuyé par un nombre quelconque de points, ou par une base finie, contre un plan inébranlable LDK, et sollicité par deux forces P et Q qui le tiennent en équilibre sur ce plan.

Fig. 59.

D'après ce qu'on a trouvé (186), les deux forces P et Q doivent donner une résultante unique N, normale au plan; par conséquent leurs directions doivent concourir en quelque point, comme en F, et se trouver dans un plan perpendiculaire au plan LDK. De plus, la direction de cette résultante doit aller rencontrer le plan LDK en l'un des points de contact du corps, ou dans l'intérieur du polygone formé par les points de contact.

Supposons que toutes ces conditions soient

remplies, et voyons simplement quels sont les rapports des forces P, Q, et de la pression N exercée sur le plan.

Puisque les forces P et Q ont une résultante normale au plan, il faut que ces deux forces soient réciproquement proportionnelles aux sinus des angles PFN, QFN, que leurs directions forment avec la normale abaissée du point F sur ce plan : car on a vu (36) que deux composantes sont toujours en raison réciproque des sinus des angles que leurs directions forment avec celle de leur résultante, on a donc :

$$Q : P :: \sin. PFN : \sin. QFN.$$

On a d'ailleurs pour la résultante N,

$$P : N :: \sin. QFN : \sin. PFQ;$$

de sorte que chacune des forces P, Q, N, peut être représentée par le sinus de l'angle formé par les directions des deux autres.

Ainsi toutes les questions que l'on pourrait proposer sur les rapports des trois forces P, Q, N, et sur leurs directions, se réduisent à la résolution d'un triangle dont les trois côtés représenteraient les grandeurs des forces P, Q, N; et les trois angles, leurs inclinaisons mutuelles.

193. Supposons que la force P représente le poids du corps lui-même, sa direction FP sera verticale, et passera au centre de gravité de ce corps.

Menons le plan horizontal LDH qui coupe le premier suivant LD, et nommons le plan LDK sur lequel le corps s'appuie, le *plan incliné*. Le plan des deux forces P et Q, qui sera, d'une part, perpendiculaire au plan incliné, comme passant par la normale FN; et de l'autre, perpendiculaire au plan horizontal, comme passant par la verticale FP, coupera ces deux plans suivant deux droites AB, AC, perpendiculaires à leur commune intersection LD, et qui comprendront entre elles l'angle formé par le plan incliné avec l'horizon.

Représentons simplement le plan horizontal par l'horizontale AC, et le plan incliné, par la ligne AB oblique à la première. D'un point quelconque B pris sur AB, abaissons une perpendiculaire BC sur AC; et dans le triangle rectangle ABC, nommons, suivant l'usage, l'hypothénuse AB, la *longueur* du plan incliné; le côté BC, sa *hauteur*, et le côté AC, sa *base*.

La ligne FP étant perpendiculaire à AC, l'angle PFN sera égal à l'angle BAC, et la

Fig. 60.

proportion Q : P : : sin. PFN : sin. QFN, deviendra :

$$Q : P :: \sin. BAC : \sin. QFN.$$

Si la puissance Q est donnée en grandeur seulement, on trouvera par cette proportion, où il n'y aura que sin. QFN d'inconnu, sous quel angle QFN cette puissance doit agir pour faire équilibre au poids P. Or, comme à un même sinus répondent deux angles suppléments l'un de l'autre, on voit que la même puissance Q pourra être employée de deux manières différentes pour faire équilibre à la résistance : soit en faisant avec la normale FN au plan incliné, un angle QFN trouvé par la proportion ci-dessus ; soit en faisant avec la même ligne, l'angle Q'FN supplément du premier.

On trouvera par la même proportion, la grandeur de la puissance Q, lorsque l'on connaîtra sa direction, ou l'angle QFN qu'elle forme avec la normale.

194. Le cas où la puissance Q est la plus petite à l'égard de la résistance P, est celui où l'angle QFN a le plus grand sinus, puisque la puissance est toujours en raison inverse de ce sinus : mais le plus grand sinus répond à

l'angle droit : donc la puissance est alors perpendiculaire sur la normale FN, ou parallèle au plan incliné.

Dans ce cas, l'angle QFN est égal à l'angle droit ACB, et la proportion précédente devient : Q : P :: sin. BAC : sin. ACB; mais dans le triangle ABC, les sinus des angles A et C sont proportionnels aux côtés opposés BC, AB; et par conséquent l'on a : Fig 61.

$$Q : P :: BC : AB.$$

C'est-à-dire, que *lorsque la puissance est parallèle au plan incliné, elle est au poids du corps qu'elle y retient en équilibre, comme la hauteur du plan est à sa longueur.*

195. Un corps pesant, abandonné à lui-même sur un plan incliné, ne tend donc à glisser le long de ce plan qu'en vertu de la pesanteur diminuée dans le rapport de la hauteur du plan à sa longueur : et c'est cette pesanteur le long du plan que l'on nomme la *pesanteur relative*, par rapport à la pesanteur le long de la verticale, que l'on nomme *pesanteur absolue.* On voit que la pesanteur absolue étant représentée par la longueur du plan incliné, la pesanteur relative est représentée par sa hau-

teur; ou bien, la pesanteur absolue étant représentée par le sinus de l'angle droit ou par l'unité, la pesanteur relative est représentée par le sinus de l'inclinaison du plan. Lorsque cette inclinaison est nulle, ou lorsque le plan est horizontal, la pesanteur relative est nulle, et le corps reste en repos sur le plan, comme cela doit être : lorsque l'inclinaison du plan est égale au tiers d'un angle droit, la pesanteur relative est la moitié de la pesanteur absolue : elle se confond enfin avec la pesanteur absolue, lorsque l'inclinaison du plan est égale à l'angle droit, et que par conséquent le plan incliné est devenu vertical.

En général, pour comparer les pesanteurs relatives sur des plans différemment inclinés, on n'aura qu'à comparer les sinus de leurs inclinaisons.

Fig. 62. Donnons la même hauteur BC à deux plans différemment inclinés, et adossons-les comme on le voit dans la figure : les pesanteurs le long de ces plans seront réciproques à leurs longueurs AB, BD; car elles sont directement proportionnelles aux sinus des angles A et D qui mesurent les inclinaisons des plans; et dans le triangle ABD, ces sinus sont proportionnels aux côtés opposés BD et AB.

Donc, si l'on a deux corps pesants M et N,

appuyés sur ces plans adossés, et qu'on les lie entre eux par un fil qui passe sur une poulie de renvoi placée en B, de manière que les deux parties rectilignes du fil soient parallèles à ces plans respectifs ; ces deux corps ne pourront se faire équilibre, à moins que leurs masses ne soient proportionnelles aux longueurs AB et BD des deux plans sur lesquels ils reposent.

196. Lorsque la puissance Q est horizontale, et par conséquent parallèle à la base AC du plan incliné, l'angle QFN devient égal à l'angle ABC, et l'on a : *Fig. 63.*

$$Q : P :: \sin. BAC : \sin. ABC,$$

ou bien :

$$Q : P :: BC : AC ;$$

c'est-à-dire, que *si la puissance est horizontale, elle est au poids du corps qu'elle tient en équilibre sur le plan incliné, comme la hauteur du plan est à sa base.*

197. Le cas où la puissance est la plus grande à l'égard du poids, est le cas où l'angle QFN devient nul. La puissance Q est alors perpendiculaire au plan incliné, et la proportion

Q : P :: sin. BAC : sin. QFN, donne pour sa valeur, $Q = \dfrac{P \times \sin. BAC}{0} = \infty$.

Il n'y a donc pas, à proprement parler, de *maximum* pour la puissance; mais ce résultat nous apprend qu'aucune force, quelque grande qu'elle soit, ne peut empêcher un corps pesant de glisser le long d'un plan incliné, en le pressant perpendiculairement contre ce plan. Si nous voyons tous les jours arriver le contraire, c'est que les surfaces des corps, même les mieux polis, sont hérissées d'une infinité d'aspérités qui s'engagent entre elles dans le contact de ces surfaces, et les empêchent de glisser librement les unes sur les autres. Or nous avons fait abstraction de cette propriété des corps, et de la résistance particulière qui en résulte, et que l'on nomme la *force du frottement*.

198. Lorsqu'un corps pesant s'appuie à la fois sur plusieurs plans inclinés, en considérant son poids comme une force verticale qui passe par son centre de gravité, on trouvera les conditions de l'équilibre d'après ce qui a été dit (189), et les pressions respectives que souffrent les points de contact, lorsque ces pressions seront déterminées.

Fig. 64. Si nous considérons simplement le cas où le corps est soutenu aux deux points I et O par deux plans inclinés HI, HO, il faudra (190) que les deux normales IA, OA, à ces plans, aillent concourir en un même point A de la verticale GP qui passe au centre de gravité G du corps, et qui représente la direction de son poids. De plus, comme le poids P de ce corps doit pouvoir se décomposer suivant ces normales, il faudra qu'elles soient toutes deux dans un même plan avec la direction GP, et par conséquent dans un plan vertical.

Ces conditions suffisent pour l'équilibre, et si l'on prend, sur la direction du poids, une partie quelconque AD, qui représente sa quantité, et qu'on achève sur AD comme diagonale, et suivant les directions AI et AO, le parallélogramme ABDC, la force P se décomposera en deux autres représentées par les côtés AB et AC de ce parallélogramme. Ces deux forces seront respectivement détruites par les deux plans inclinés, et donneront en même temps les valeurs de leurs pressions individuelles.

Observons que le plan des deux normales IA, OA, étant à la fois perpendiculaire aux deux plans inclinés, est perpendiculaire à leur commune intersection : mais ce plan est en même temps vertical, puisqu'il passe par la verticale GP : donc la commune intersection des deux plans inclinés doit être perpendiculaire à un plan vertical : donc elle est horizontale. Ainsi un corps pesant ne peut rester en équilibre entre deux plans inclinés, à moins que leur intersection ne soit horizontale ; ce qui paraissait d'ailleurs assez évident.

De la vis.

199. La vis est une machine qui se rapporte à la fois au levier et au plan incliné. On y considère en général l'équilibre d'un corps qui se trouve en même temps assujetti à tourner autour d'un axe fixe, et à descendre uniformément le long de cet axe, en s'appuyant sur une surface inclinée.

Fig. 65. Mais pour expliquer clairement la construction de cette machine, considérons d'abord un cylindre droit ABCD que l'on développe sur un plan. Le développement est un rectangle BEMC dont la base BE est égale en longueur à la circonférence du cylindre, et peut s'exprimer par $2\pi r$, en nommant r le rayon du cylindre, et π le rapport de la circonférence au diamètre.

Divisons le côté BC en parties égales BR, RQ, QP, etc. ; et après avoir pris sur EM la partie EG=BR, menons BG, et les parallèles RH, QK, etc.

Si l'on replie le rectangle BEMC sur le cylindre, la suite des droites BG, RH, etc. tracera sur sa surface une courbe continue que l'on nomme *hélice :* la première droite BG, formant une portion de l'hélice, qui commencera en B, et aboutira en R, où elle sera continuée par la seconde droite RH, et ainsi de suite. Chacune de ces portions de l'hélice, dont les deux extrémités viennent aboutir sur la même génératrice, et qui fait ainsi le tour entier du cylindre, se nomme *spire ;* et l'intervalle compris entre deux spires consécutives, mesuré le long de la génératrice, et qui est partout le même, se nomme le *pas* de l'hélice.

Puisque dans le développement du cylindre, l'hélice est une suite de lignes droites parallèles, il est clair que la propriété caractéristique de l'hélice est d'être partout également inclinée aux diverses génératrices qu'elle va rencontrer sur la surface cylindrique. Lorsque le cylindre est vertical, elle est donc partout également inclinée à l'horizon, et un point a qui repose sur cette hélice, et qui peut être regardé comme situé sur la tangente en ce point, est dans le même cas que s'il reposait en a' sur un plan incliné QHK dont la base est $QH = 2\pi r$, et dont la hauteur HK est égale au pas de l'hélice, et sera désignée simplement par h.

200. Si l'on suppose donc que le point a soit pressé sur l'hélice par une force verticale p, et soit retenu en même temps par une force horizontale f, qui, appliquée tangentiellement au cylindre, empêche ce point de glisser sur l'hélice, on aura (194):

$$f : p :: \mathrm{HK} : \mathrm{QH},$$

ou $\qquad f : p :: h : 2\varpi r.$

Menons par le point a l'horizontale ao, qui rencontre en o l'axe FI du cylindre, que je suppose fixe. Prolongeons indéfiniment cette droite, et considérons-la comme un levier inflexible, mobile autour du point fixe o.

Au lieu d'appliquer immédiatement au point a une force horizontale f, pour retenir ce point sur l'hélice, on pourrait appliquer une autre force parallèle q en un point quelconque du levier bo; et cette force q ferait sentir au point a la même impression que la force f, si elle était à celle-ci dans la raison réciproque des deux bras de levier bo et ao, c'est-à-dire (en faisant $bo = \mathrm{R}$, et observant que ao est le rayon r du cylindre), si l'on avait:

$$q : f :: r : \mathrm{R};$$

mais on a trouvé ci-dessus :

$$f : p :: h : 2\pi r.$$

Donc, en multipliant par ordre, on aura :

$$q : p :: h : 2\pi R.$$

C'est-à-dire, que la puissance horizontale q sera à la force verticale p qui presse le point a sur l'hélice, comme le pas de l'hélice est à la circonférence que tend à décrire la puissance q autour de l'axe du cylindre.

Observons que le rayon r du cylindre, ou la distance de l'hélice à l'axe, n'entre plus dans cette proportion. Ainsi l'on aura toujours le même rapport entre la puissance q et la force p, quel que soit le cylindre sur lequel l'hélice est tracée, pourvu que le pas de cette hélice soit le même.

On ne doit pas perdre de vue d'ailleurs que l'on n'a supposé le cylindre vertical, que pour mieux fixer les idées et simplifier le discours ; mais que tout ce qu'on a dit de la force verticale p et de la puissance horizontale q, doit s'entendre en général d'une force parallèle à l'axe du cylindre, et d'une puissance qui agirait dans un plan perpendiculaire au même axe, à la distance R de cette ligne.

201. Actuellement il n'est pas difficile de définir la vis et de trouver les conditions de son équilibre.

Fig. 66 et 67.

La vis est un cylindre droit revêtu d'un filet saillant, qui est engendré par le plan d'un triangle ou d'un parallélograme qui, s'appuyant par sa base sur une génératrice, tourne autour de l'axe du cylindre, en descendant le long d'une hélice tracée sur sa surface. Tous les points qui composent le filet de la vis peuvent donc être regardés comme appartenants à des hélices décrites sur des cylindres de même axe, mais de rayons différents. Or toutes ces hélices ont évidemment le même pas ; et c'est ce que l'on nomme le *pas* de la vis.

La génération de l'*écrou* est la même. Concevons une pièce M, de figure quelconque, pénétrée par le cylindre : le triangle ou le parallélograme qui produit sur le cylindre le filet de la vis, produira dans l'intérieur de cette pièce un sillon ou creux, parfaitement égal au filet, et que celui-ci remplira exactement ; et cette seconde pièce, qui peut être regardée comme le moule de la première, forme l'*écrou* de la vis.

Maintenant, si l'une de ces deux pièces est fixe, il est clair que l'autre lui est tellement assujettie, qu'elle n'a plus que la liberté de tourner autour de l'axe du cylindre, et de descendre en même temps sur la seconde, comme sur une surface inclinée. Il y a donc entre les forces qui se feraient équilibre sur la pièce mobile, des relations particulières qui dépendent de son assujettissement à la seconde; et ce sont ces relations qui constituent les conditions de l'équilibre dans la vis.

On ne considère ordinairement que deux forces appliquées à la pièce mobile : l'une P parallèle à l'axe, et qui tend à la faire descendre en tournant autour de cet axe; l'autre Q située dans un plan perpendiculaire à l'axe, et qui, au moyen d'un levier, tend à la faire remonter en sens contraire. Pour fixer les idées, nous supposerons ici que l'écrou soit mobile, Fig. 66. et que la vis soit fixe : le rapport des deux forces P et Q serait absolument le même dans le cas où l'écrou étant fixe, la vis serait mobile.

D'abord, si l'écrou ne posait que par un seul point sur le filet de la vis, en nommant h le pas de la vis, et R le bras de levier de la puissance ou la distance à l'axe, on aurait, d'après ce qu'on a vu :

$$Q : P :: h : 2\pi R.$$

Mais, en quelque nombre de points que l'écrou s'appuie sur le filet, on peut imaginer que la résistance P est décomposée en autant de forces parallèles p, p', p'', etc., qui pressent en ces différents points, et que la puissance Q est partagée en autant de forces q, q', q'',, etc. dont chacune fait équilibre en particulier à la force qui lui répond parmi les forces p, p', p'', etc. et comme on a constamment :

$$q : p :: h : 2\varpi R,$$
$$q' : p' :: h : 2\varpi R,$$
$$q'' : p'' :: h : 2\varpi R,$$
etc.

on aura :

$$q + q' + q'' \ldots \text{ou } Q : p + p' + p'' \ldots \text{ou } P :: h : 2\varpi R.$$

C'est-à-dire, que *dans l'équilibre de la vis, la puissance qui tend à faire tourner l'écrou, est à la résistance qui le presse dans le sens de l'axe, comme le pas de la vis est à la circonférence que tend à décrire la puissance.*

Ainsi la puissance a d'autant plus d'avantage pour contrebalancer la résistance, ou pour comprimer dans le sens de l'axe de la vis, que cette puissance agit à une plus grande distance de l'axe, et que le pas de la vis est moindre.

Du coin.

202. LE coin est un prisme triangulaire AF Fig. 68. que l'on introduit par l'une de ses arêtes EF entre deux obstacles, pour exercer latéralement deux efforts qui tendent à les écarter.

L'arête EF, par laquelle le coin tend à s'enfoncer, se nomme le *tranchant* du coin ; les deux faces adjacentes ADFE, BCFE, se nomment les *côtés*, et la face opposée ABCD la *tête*.

C'est sur cette face qu'on applique le coup, au moyen d'un marteau ou d'un corps quelconque. Quelle que soit la direction du choc, on peut toujours concevoir son action comme décomposée en deux autres, l'une perpendiculaire à la tête du coin, et qui obtient tout son effet sur lui ; l'autre parallèle, et qui ne lui imprime aucun mouvement, parce qu'elle ne peut tendre qu'à faire glisser le marteau sur ce coin.

Nous supposerons donc sur-le-champ que la puissance soit appliquée perpendiculairement à la tête du coin, et nous chercherons simplement les efforts qui en résultent contre les deux obstacles perpendiculairement aux deux côtés.

Par la direction de la puissance P, et per-

Fig. 69. pendiculairement aux arêtes du coin, faisons passer une section MNO; la ligne MN pourra représenter la tête du coin, et les deux lignes MO et NO les deux côtés. D'un point A pris sur la direction de la puissance, abaissons deux perpendiculaires AB, AC sur les côtés MO, NO; prenons la partie AD qui représente la quantité et la direction de la puissance P, et achevons le parallélograme ABDC.

La puissance P représentée par AD, se décomposera en deux autres Q et R, représentées par AB et AC, et qui exprimeront les efforts exercés perpendiculairement aux côtés MO, NO.

On aura donc: P : Q : R, comme AD : AB : AC; ou, en mettant BD au lieu de AC, comme AD : AB : BD, c'est-à-dire, comme les trois côtés du triangle ABD.

Mais ce triangle est semblable au triangle MNO, parce que les côtés AD, AB, BD, sont respectivement perpendiculaires aux côtés MN, MO, NO.

On aura donc :

$$P : Q : R :: MN : MO : NO;$$

c'est-à-dire, *que la puissance étant représentée par la tête du coin, les deux forces qui en* résultent perpendiculairement aux côtés, seront représentées par ces côtés eux-mêmes.

Si le triangle MNO est isoscèle, les deux forces Q et R sont égales, et la puissance P est à l'une d'elles comme la tête du coin est à l'un des côtés; qu'on peut nommer dans ce cas la *longueur* du coin.

On voit par ce que nous venons de dire, qu'à puissances égales, l'effort exercé par le coin est d'autant plus grand, que sa tête est plus petite par rapport à sa longueur.

De quelques machines composées.

203. Jusqu'à présent nous n'avons considéré qu'un seul corps solide, gêné dans ses mouvements par différents obstacles; et c'est ce qui forme les diverses machines simples. Nous allons considérer actuellement un assemblage de machines simples qui réagissent les unes sur les autres en vertu de leur liaison mutuelle; et c'est ce que l'on nomme une machine composée.

Si l'on ne suppose que deux forces appliquées à la machine composée, on voit que la machine simple qui reçoit immédiatement l'action de l'une d'elles, transmet cette action, d'après les lois de son équilibre, à la machine simple avec laquelle elle est liée; que celle-ci la transmet de même à la machine suivante, et ainsi de suite, jusqu'à la dernière qui communique l'action à la seconde force, ou à la résistance qu'il faut vaincre. Ainsi il est toujours facile de déterminer le rapport de la puissance à la résistance, par une suite de proportions données par les lois de l'équilibre des machines intermédiaires, et c'est ce qu'on va vérifier tout-à-l'heure sur quelques exemples très-simples.

Mais nous devons faire observer que les questions suivantes se rapportent naturellement au problème le plus général de la Statique, c'est-à-dire, font partie de cette théorie étendue où l'on recherche les lois de l'équilibre dans les systèmes dont la figure est variable suivant des conditions quelconques données. Les deux axiomes qui servent de base à cette théorie, sont:

1° Que si un système quelconque de points est en équilibre, chaque point doit être en équilibre de lui-même, tant en vertu des forces qui lui sont immédiatement appliquées, qu'en vertu des résistances ou réactions qu'il éprouve de la part des autres points du système.

2° Que deux points ne peuvent agir l'un sur l'autre que dans la direction de la droite qui les joint, et que l'action est toujours égale et contraire à la réaction.

Au moyen de ces deux axiomes et des conditions connues de l'équilibre d'un corps libre, on peut trouver les conditions de l'équilibre d'un système quelconque de corps, pourvu qu'on sache évaluer les résistances qui naissent de leurs liaisons mutuelles : car ces résistances étant une fois évaluées, il ne s'agit plus que de les combiner avec les forces données immédiatement par la question, et d'exprimer les conditions de l'équilibre de chaque corps, comme s'il était parfaitement libre dans l'espace.

Quoique nous ne puissions, sans passer les bornes de cet ouvrage, traiter ici ce sujet avec toute la généralité dont il est susceptible, nous donnerons néanmoins les conditions de l'équilibre de quelques systèmes variables qu'on emploie souvent dans les arts, et que l'on a coutume de considérer dans les éléments de Statique, parce que les réactions des différents corps les uns sur les autres y sont très-faciles à évaluer, et ne supposent guère que la composition des forces et les deux axiomes précédents.

Des Cordes.

204. CONSIDÉRONS premièrement un *polygone funiculaire*, c'est-à-dire, un assemblage de

points liés entre eux par des cordons parfaitement flexibles et inextensibles.

Fig. 70. On sait d'abord que si trois forces P, Q, R dirigées suivant les axes de trois cordons AP, AQ, AR, sont en équilibre autour d'un même point A, chacune de ces forces doit être égale et directement opposée à la résultante des deux autres.

Il faut donc 1° que les axes des trois cordons soient dans un même plan ; 2° que les rapports des forces soient tels, que chacune d'elles puisse être représentée par le sinus de l'angle formé par les directions des deux autres. Ainsi l'on a, pour l'équilibre, cette suite de rapports :

$$P : Q : R :: \sin. QAR : \sin. PAR : \sin. PAQ.$$

205. Si l'on suppose que les extrémités des cordons AQ, AR, soient fixes, les valeurs de Q et R données par les rapports ci-dessus, exprimeront les efforts que supportent ces points fixes en vertu de la force P, ou les tensions des deux cordons AQ, AR.

On voit que ces tensions seront d'autant plus grandes que l'angle QAR sera plus obtus, et qu'elles deviendront infinies, si cet angle devient égal à deux angles droits.

Une corde tendue en ligne droite à deux

DE STATIQUE. 255

points fixes, sera donc nécessairement rompue par la plus petite force qui lui serait appliquée transversalement, si cette corde n'étant pas susceptible de s'étendre, n'a pas d'ailleurs une résistance longitudinale infinie.

206. Les conditions précédentes pour l'équilibre des trois forces P, Q, R, supposent que le point A soit invariablement attaché à chacun des cordons, ou que le nœud qui les rassemble soit fixe : mais si le point A pouvait couler le long du cordon RAQ, comme ferait un anneau infiniment petit, enfilé dans ce cordon, alors il ne suffirait plus que les forces P, Q, R eussent les relations données ci-dessus ; il faudrait encore que la direction de la force P divisât en deux également l'angle formé par les deux parties de la corde QAR.

Fig. 71.

En effet, si l'on suppose que l'équilibre ait lieu, et qu'on fixe invariablement deux points F et F' pris où l'on voudra sur ces cordons, il est clair que le point A est dans le même cas que s'il avait la liberté de se mouvoir dans une ellipse dont F et F' sont les deux foyers, et AF, AF', les rayons vecteurs. Or, pour qu'il soit en équilibre sur cette courbe en vertu de la force P, il faut que cette force soit perpendiculaire à la tangente à l'ellipse en ce point (184), et par conséquent divise en deux parties égales l'angle FAF′ formé par les rayons vecteurs.

Ainsi, dans le cas d'un nœud coulant, les deux parties de la corde le long de laquelle le nœud peut glisser, doivent être également tendues.

207. On voit en même temps que, si l'on suppose le point ou l'anneau A fixe, les deux forces Q et R appliquées au cordon QAR qui passe sur cet anneau doivent être égales entre elles pour l'équilibre ; et que la pression exercée par les deux forces sur le point fixe A, est dirigée suivant la ligne qui divise en deux parties égales l'angle formé par les deux parties du cordon.

Fig. 72.

208. Actuellement soient plusieurs points A, B, C, liés entre eux par des cordons AB, BC, et tirés par des forces S, P, Q, R, T, suivant d'autres cordons, mais de manière que chacun des points ou nœuds A, B, C n'en assemble pas plus de trois en même temps.

Si tout le système est en équilibre, chaque point doit être en équilibre de lui-même, en vertu des forces qui lui sont appliquées, et des tensions des cordons adjacents. Le point A, par exemple, n'étant lié immédiatement qu'au seul point B, doit être en équilibre en vertu des deux forces S et P, et de la tension du cordon AB; car le dernier point C ne peut réagir sur lui que par le cordon AB.

Il faut donc que les trois cordons AS, AP, AB soient dans un même plan ; et, si l'on nomme X la tension du cordon AB, que l'on ait les rapports suivants :

$$S : P :: \sin. PAB : \sin. SAB,$$
$$P : X :: \sin. SAB : \sin. SAP.$$

De même, le point B doit être en équilibre en vertu de la force Q et des tensions suivant AB et BC. Or, la tension du cordon AB est la même que tout-à-l'heure ; car l'action du point A sur le point B est parfaitement égale et contraire à l'action du point B sur le point A. Nous avons nommé X cette tension, nommons Y celle du cordon BC ; on aura :

$$X : Q :: \sin. QBC : \sin. ABC,$$
$$Q : Y :: \sin. ABC : \sin. QBA.$$

L'équilibre du point C donnera de même :

$$Y : R :: \sin. RCT : \sin. BCT,$$
$$R : T :: \sin. BCT : \sin. RCB.$$

Et ainsi de suite, s'il y avait un plus grand nombre de points.

En multipliant par ordre un nombre convenable de ces proportions, on trouvera le rapport de l'une quelconque des forces, à telle autre force ou tension que l'on voudra. Si l'on multiplie les trois premières, par exemple, on aura le rapport de S à Q. Si l'on multiplie les quatre premières, on aura celui de S à la tension Y, etc., etc.

209. Si les directions prolongées des forces P, Q, R divisent en deux parties égales les angles respectifs, SAB, ABC, BCT, du polygone funiculaire, les cordons AS, AB, BC, CT seront tous également tendus. Car, on aura par les rapports précédents :

$$S = X, X = Y, Y = T.$$

Donc, si au lieu des forces P, Q, R, on substitue des points fixes A, B, C par dessus lesquels passe la corde SABCT, les deux forces S et T qui tirent les extrémités de cette corde, seront égales entre elles, et la corde sera partout également tendue. Car, chacun des points fixes A, B, C tient lieu d'une force qui divise en deux parties égales l'angle formé par les deux parties de la corde qui y passe (207).

210. Ainsi, lorsque deux forces tendent une

corde sur le contour d'un polygone ou d'une courbe quelconque, ces deux forces sont nécessairement égales entre elles pour l'équilibre, et la tension se communique également dans toute l'étendue de la corde.

211. Le polygone funiculaire SABCT étant en équilibre en vertu des forces S, P, Q, R, T, concevons que sa figure devienne parfaitement invariable, de manière que les points A, B, C ne puissent plus changer leurs distances mutuelles; il est clair que l'équilibre subsistera toujours. Mais alors les forces S, P, Q, R, T étant en équilibre sur un système solide, l'une d'elles est égale et directement opposée à la résultante de toutes les autres : ainsi ces autres forces ont une résultante. Or comme cette résultante est exactement la même que si toutes les composantes s'étaient réunies parallèlement à elles-mêmes en un point quelconque de sa direction, il s'ensuit que *chaque cordon est tendu par la force qui le sollicite, comme il le serait par la résultante de toutes les autres forces qu'on y transporterait parallèlement à elles-mêmes.*

212. Lorsque les cordons extrêmes AS, CT sont dans un même plan, les deux forces S et T ont une résultante, et d'après ce qu'on vient de

dire, cette force doit être égale et directement opposée à la résultante V des autres forces P, Q, R, comme si le polygone était invariable de figure. La résultante des forces P, Q, R appliquées aux angles du polygone doit donc passer par le point O où vont concourir les cordons extrêmes; et par conséquent si les deux extrémités S et T de ces cordons sont fixes, on aura sur-le-champ les deux efforts que supportent ces points fixes, ou les tensions des cordons AS, CT, en décomposant, au point O, la résultante V en deux forces M et N dirigées suivant ces cordons.

Fig. 73.   213. Lorsque les directions des forces P, Q, R sont toutes parallèles, on a toujours pour les forces et les tensions des cordons les mêmes rapports que ci-dessus (208); mais il faut une condition de plus pour l'équilibre : c'est que toutes les forces P, Q, R et les côtés du polygone soient dans un même plan. Car, autour de chaque nœud, les cordons doivent être dans un même plan (204). Mais, si le cordon BQ est parallèle au cordon AP, le plan PAB des trois premiers cordons est le même que le plan ABQ des trois suivants, et ainsi de suite.

Fig. 74.   214. On peut considérer une corde pesante comme un fil chargé d'une infinité de petits poids distribués sur toute sa longueur, ou comme un fil sollicité en tous ses points par de petites forces verticales et par conséquent parallèles. On voit donc que si cette corde est attachée à deux points fixes S et T, elle ne peut demeurer en équilibre à moins qu'elle ne soit tout entière dans un plan vertical. Elle forme alors un polygone funiculaire d'une infinité de côtés, ou plutôt une ligne courbe que l'on nomme la *chaînette*.

Pour trouver les efforts que la corde exerce sur les deux points S et T qui la soutiennent, on menera à la courbe en ces points deux tangentes SO, TO qui seront comme les prolongements des derniers côtés du polygone funiculaire ; appliquant ensuite au point O une force égale à la résultante de toutes les forces qui la sollicitent, c'est-à-dire, égale au poids total de la corde, on décomposera cette force en deux autres dirigées suivant les tangentes OS, OT, et qui exprimeront les charges respectives des deux points de suspension (212).

215. Ce qu'on vient de dire d'une corde pesante, ou d'un assemblage de petits corps pesants unis ensemble par un fil inextensible, pourrait s'appliquer à plusieurs globules appuyés les uns contre les autres, et qui se soutiendraient

mutuellement en voûte. Ils doivent affecter alors la forme d'une chaînette renversée. Car, si tous ces globules, à cause de leur impénétrabilité mutuelle, sont en équilibre en vertu de leurs poids, ou des forces verticales qui les sollicitent, il est clair qu'ils demeureraient encore en équilibre, si ces forces venaient toutes à agir en sens contraire, pourvu qu'alors on supposât tous ces globules liés deux à deux par un fil inextensible. Mais alors ce fil formerait une chaînette renversée : donc il a actuellement cette figure.

Des poulies et des moufles.

Fig. 75. 216. Considérons maintenant un système de poulies mobiles A, A', A''. La première A, qui soutient un poids P attaché à sa chappe, se trouve embrassée par une corde, dont l'une des extrémités F est fixe, tandis que l'autre est attachée à la chappe de la poulie suivante A'; cette seconde poulie est de même embrassée par une corde dont l'une des extrémités F' est fixe, tandis que l'autre est attachée à la chappe de la troisième poulie A''; et ainsi de suite jusqu'à la dernière dont le cordon arrêté d'une part à un point fixe F'', est tiré de l'autre par une puissance Q.

Si tout le système est en équilibre, chaque poulie est en équilibre d'elle-même, en vertu des forces ou des tensions qui agissent sur elle.

Ainsi nommant r, r', r'' les rayons respectifs des poulies ; c, c', c'' les sous-tendantes des arcs embrassés par les cordons ; X la tension du premier cordon ; Y, celle du suivant.

On aura pour l'équilibre de la poulie A (179) :

$$X : P :: r : c$$

on aura de même pour l'équilibre de la poulie A' :

$$Y : X :: r' : c'$$

et pour la troisième A'' :

$$Q : Y :: r'' : c''$$

et multipliant par ordre, il viendra :

$$Q : P :: r\,r'\,r'' : c\,c'\,c''.$$

C'est-à-dire, *la puissance est à la résistance comme le produit des rayons des poulies est au produit des sous-tendantes des arcs embrassés par les cordons.*

Fig. 76. 217. Si tous les cordons deviennent parallèles, les sous-tendantes c, c', c'' deviennent égales aux diamètres $2r$, $2r'$, $2r''$, et l'on a en divisant les deux termes du dernier rapport par le produit $r\,r'\,r''$:

$$Q : P :: 1 : 2.2.2.$$

C'est-à-dire, qu'en général, *la puissance sera au poids comme l'unité est au nombre 2 élevé à une puissance marquée par le nombre des poulies.*

C'est le cas le plus favorable à la puissance ; car, le produit des sous-tendantes c, c', c'' est le plus grand possible, lorsqu'elles sont égales aux diamètres.

Si, dans chaque poulie, l'arc embrassé par la corde était le tiers de la demi-circonférence, les sous-tendantes de ces arcs seraient égales aux rayons respectifs des poulies, et la puissance serait égale au poids.

Fig. 77, 78, 79. 218. Une *moufle* est un système de poulies assemblées dans une même chappe, ou sur des axes particuliers *fig.* 77 et 78, ou sur le même axe *fig.* 79.

Considérons deux moufles, l'une fixe et l'autre mobile, et supposons que toutes les poulies soient embrassées par une même corde attachée par une extrémité à la chappe de l'une des moufles, et tirée à l'autre extrémité par une puissance Q, qui fait équilibre à un poids P suspendu à la moufle mobile.

Si l'on suppose, ce qui a presque toujours lieu d'une manière sensible, que les diverses parties de la corde soient parallèles, il est visible qu'on aura, *la puissance* Q *à la résistance* P, *comme l'unité est au nombre des cordons qui soutiennent la moufle mobile.* Car, toutes les poulies étant embrassées par la même corde, et devant être en équilibre, chacune en particulier, les cordons sont également tendus. On peut donc considérer le poids P comme soutenu par autant de forces égales et parallèles qu'il y a de cordons qui vont directement d'une moufle à l'autre, et par conséquent la tension de l'un de ces cordons, ou la puissance Q est au poids P, comme l'unité est au nombre de ces cordons.

Ainsi dans le cas de la *fig.* 77, la puissance est le sixième de la résistance; et dans le cas de la *fig.* 78, elle n'en est que le cinquième, parce qu'il y a un cordon de moins pour soutenir la moufle mobile.

Fig. 80.   219. Considérons enfin un système de tours A, A′, A″ qui réagissent les uns sur les autres, comme on le voit dans la figure. Soient r, r', r'' les rayons respectifs de leurs cylindres, et R, R′, R″ ceux de leurs roues. La corde appliquée tangentiellement au premier cylindre, porte un poids P, et la corde appliquée à la roue, au lieu d'être tirée immédiatement par une puissance, est attachée au cylindre du second tour A′. La roue de celui-ci est de même tirée par une corde qui passe sur le cylindre du troisième tour A″, et ainsi de suite jusqu'au dernier dont la roue est tirée par la puissance Q.

Si le système est en équilibre, chaque tour est en équilibre de lui-même en vertu des tensions des cordons qui sollicitent le cylindre et la roue. Ainsi, en nommant X la tension du cordon qui va du premier tour au second, on aura (180) :

$$X : P :: r : R$$

en nommant Y celle du cordon suivant, on aura :

$$Y : X :: r' : R'$$

et de même pour le dernier tour,

$$Q : Y :: r'' : R''$$

et multipliant par ordre :

$$Q:P::rr'r'':RR'R''.$$

C'est-à-dire, *la puissance est à la résistance, comme le produit des rayons des cylindres est au produit des rayons des roues.*

Des roues dentées.

220. Si l'on rapproche tous ces tours de manière que la roue du premier devienne tangente au cylindre du second, et que la roue de celui-ci soit tangente au cylindre du troisième, et ainsi de suite ; et si l'on suppose que chaque roue s'engage au cylindre contigu, de telle sorte qu'elle ne puisse tourner sans faire tourner ce cylindre, et réciproquement ; on pourra supprimer les cordes qui lient tous ces tours, et l'on aura toujours le même rapport que ci-dessus entre la puissance et la résistance.

Pour engager solidement chaque roue avec le cylindre du tour suivant, on pratique à leurs circonférences des *dents* également espacées qui engrènent les unes dans les autres, de manière que chaque roue, qu'on nomme alors *roue dentée*, ne peut tourner sur son axe, sans que le cylindre, qu'on nomme alors *pignon*, ne tourne en même temps sur le sien.

Fig. 81.

On a donc pour l'équilibre de deux forces qui réagissent l'une sur l'autre au moyen des roues dentées : *la puissance est à la résistance comme le produit des rayons des pignons est au produit des rayons des roues.*

Du cric.

Fig. 82.   221. On considère dans le *cric* simple un pignon que l'on fait tourner sur son axe au moyen d'une manivelle : ce pignon engrène avec une barre inflexible dentée, de manière qu'en tournant sur son axe, il oblige la barre à se mouvoir dans le sens de sa longueur. En supposant donc une résistance qui s'oppose directement au mouvement de cette barre, résistance que l'on peut considérer comme une force perpendiculaire à l'extrémité du rayon du pignon, il est visible que l'on aura : *la puissance appliquée à la manivelle est à la résistance, dans le sens de la barre, comme le rayon du pignon est au rayon de la manivelle.*

D'où l'on voit que l'effort exercé par le cric sera d'autant plus considérable que le rayon du pignon sera plus petit par rapport à celui de la manivelle.

Lorsqu'on veut augmenter encore la force du

cric sans augmenter le bras de levier de la manivelle, et sans diminuer le rayon du pignon, au lieu de faire agir immédiatement ce pignon sur la barre dentée, on le fait agir sur une roue dentée intermédiaire; et c'est le pignon de cette roue qui engrène avec la barre. Alors on a pour l'équilibre : *la puissance appliquée à la manivelle, est à la résistance dans le sens de la barre, comme le produit des rayons des deux pignons, est au produit du rayon de la roue par le rayon de la manivelle.*

De la vis sans fin.

222. On peut encore considérer une vis mobile autour de son axe, et dont le filet mène les dents successives d'une roue à laquelle il se présente toujours d'une manière uniforme; et c'est ce qui compose la *vis sans fin*.

Par l'équilibre de la vis, on voit que la Fig. 83. puissance Q appliquée à la manivelle, dont le rayon est R, est à l'effort f, avec lequel le filet presse la dent de la roue, comme le pas h de la vis est à la circonférence $2\pi R$, que tend à décrire la puissance; et l'on a :

$$Q : f :: h : 2\pi R.$$

Actuellement, si cette roue dentée, d'un rayon A, fait tourner un cylindre de même axe, et monter un poids P suspendu au bout d'une corde qui s'enroule sur ce cylindre, on aura par l'équilibre du treuil (en nommant a le rayon du cylindre):

$$f : P :: a : A ;$$

et, multipliant par ordre,

$$Q : P :: ah : 2\varpi R . A.$$

C'est-à-dire, *la puissance est au poids, comme le produit du pas de la vis par le rayon du treuil, est au produit du rayon de la roue dentée par la circonférence que tend à décrire la puissance.*

Nous n'étendrons pas plus loin ces applications. Notre objet principal, dans ces deux derniers chapitres, était de fixer, par quelques exemples très-simples, les principes que nous avions établis et développés dans les deux chapitres précédents. Nous avons cru devoir indiquer en même temps la marche que l'on peut suivre pour trouver les conditions de l'équilibre dans quelque machine que ce soit;

et c'est ce qui ne peut offrir aucune difficulté, d'après ce qu'on a dit aux n°ˢ 203 et suivants, sur-tout lorsque l'on ne considérera que deux forces appliquées à la machine.

FIN.

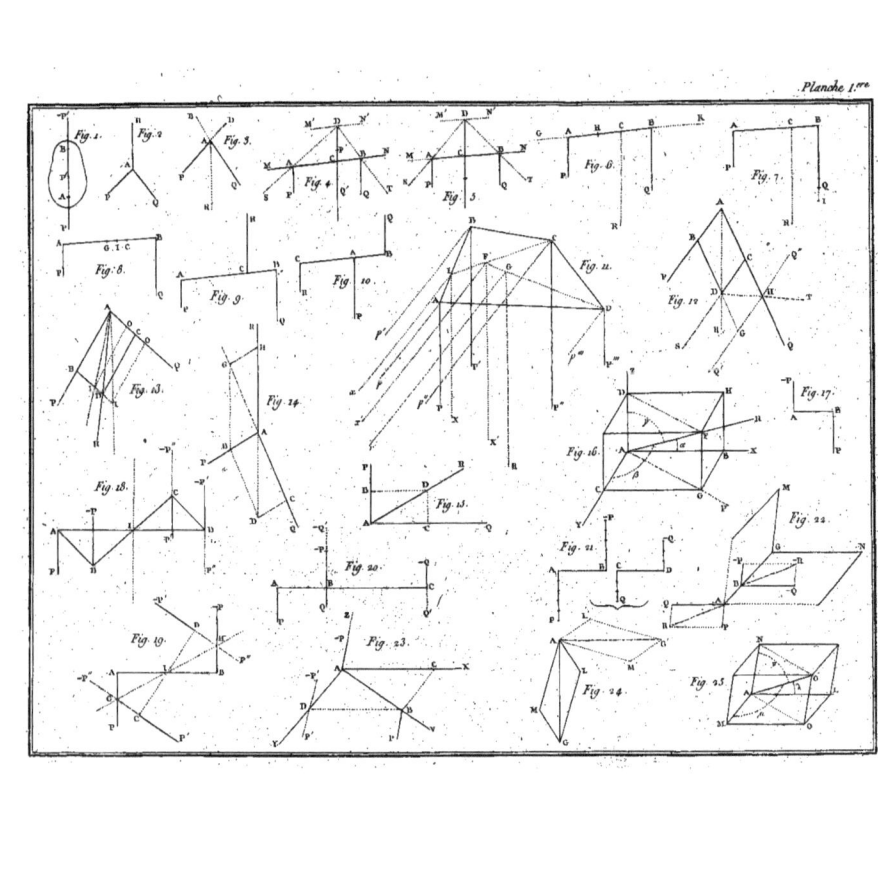

Planche 1.ère

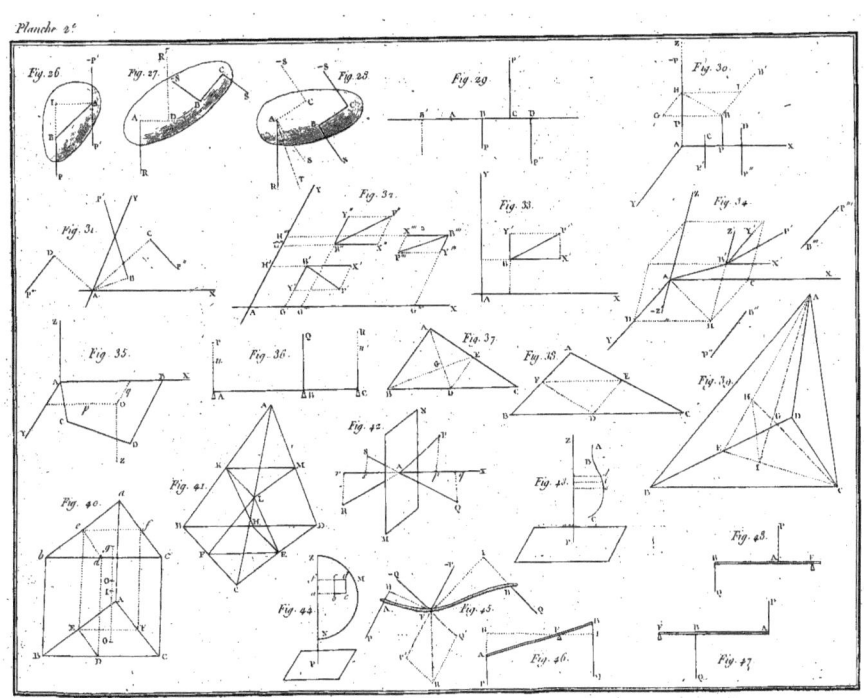

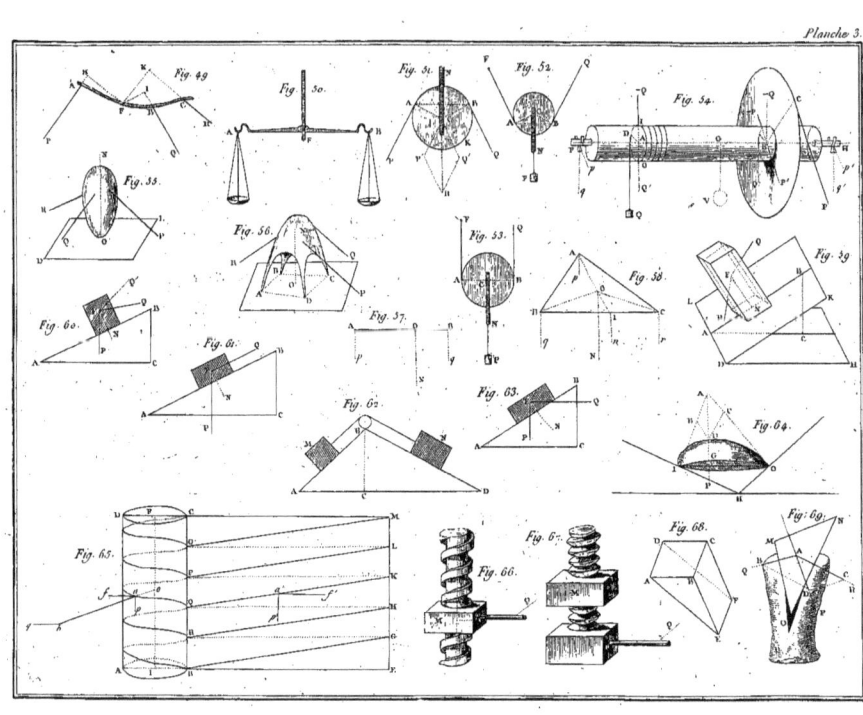

Planche 3.

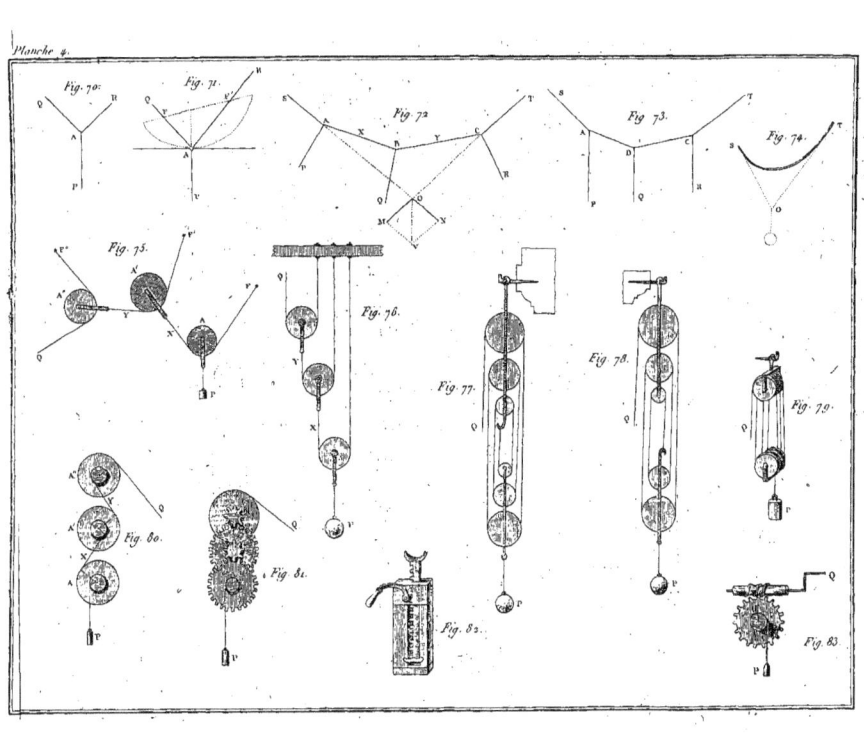

MÉMOIRE

SUR LA COMPOSITION DES MOMENTS ET DES AIRES.

Lu à l'Institut au mois de Floréal an 12. (Mai 1804.)

Dans ma *Statique*, j'ai nommé *couple* l'ensemble de deux forces parfaitement égales, parallèles et de sens opposés. On sait que ces deux forces n'ont pas de résultante, c'est-à-dire, ne peuvent être tenues en équilibre par aucune simple force dirigée comme on voudra dans l'espace. A la vérité, le calcul qui donne, pour cette résultante, une force nulle appliquée à une distance infinie des composantes, ne nous apprend plus rien alors, puisqu'il donne la même expression pour deux autres forces quelconques égales, parallèles et de sens opposés, dont l'effet pourtant n'est pas le même que celui des deux premières ; mais il est évident *à priori*, que de telles forces ne peuvent avoir de résultante unique : car si l'on pouvait assigner la position de cette résultante à l'égard de l'une des forces du couple, on lui en trouverait sur-le-champ une autre parfaitement symétrique et de sens contraire à l'égard de la seconde ; et elle aurait à la fois deux positions différentes, ce qui est absurde.

Des couples.

L'effort d'un couple ne peut être contre-balancé que par celui d'un autre couple. J'ai fait voir que cet effort a pour mesure le produit de l'une des forces par la distance qui les sépare; de sorte qu'en nommant ce produit le *moment* du couple, deux couples contraires se font équilibre, quand leurs moments sont égaux.

<small>Composition des couples analogue à la composition des forces.</small>

J'ai d'ailleurs établi sur les couples tous les théorèmes qui correspondent à la composition des forces ; et même cette proposition (dont on fait si souvent usage) qu'une force peut être transportée en un point quelconque de sa direction, trouve ici son analogue, qui consiste en ce qu'*un couple peut être transporté par-tout où l'on voudra dans son plan ou dans tout autre plan parallèle, et tourné comme on voudra dans ce plan, sans que son effet en soit changé.*

Ainsi des couples situés arbitrairement dans le même plan ou dans des plans parallèles, sont des couples de même direction ; d'où l'on voit combien est illusoire l'expression que donne le calcul pour la résultante d'un couple, puisque, d'après cette propriété, il n'y aurait pas de lieu de l'espace où l'on ne pût la supposer appliquée, ce qui n'a plus aucun sens.

Mais la proposition précédente est principalement utile dans la composition des couples, où elle permet de les rapprocher et de les disposer entre eux de la manière la plus favorable à la démonstration, et nous conduit par une voie très-simple aux théorèmes suivants :

1.° *Deux couples situés d'une manière quelconque dans le même plan ou dans deux plans parallèles, se composent en un seul égal à leur somme ou à leur différence, selon que ces deux couples sont de même sens ou de sens contraires.*

2.° *Deux couples situés d'une manière quelconque dans deux plans perpendiculaires aux deux côtés d'un parallélogramme, et représentés en grandeurs par ces côtés,* se composent en un seul situé dans un plan perpendiculaire à la diagonale, et représenté en grandeur par cette diagonale.

D'où l'on peut conclure que *trois couples perpendiculaires aux trois arêtes contiguës d'un parallélépipède quelconque, et représentés pour leurs moments par les longueurs de ces arêtes, se composent en un seul, perpendiculaire à la diagonale, et représenté pour son moment par la longueur de cette diagonale.*

Ces théorèmes, comme nous le verrons tout à l'heure, renferment la théorie des moments considérée de la manière la plus générale, et la théorie des aires qui ne sont autre chose, dans le mouvement des corps, que les moments des forces qui les animent; mais ils se démontrent avec autant de simplicité que le parallélogramme des forces, et font descendre ainsi dans les Élémens les propositions les plus élevées de la mécanique.

Qu'on me permette ici d'en rappeler en peu de mots l'usage dans la statique, et, sans cesser de tendre vers l'objet de ce mémoire, d'y arriver dans l'ordre naturel de nos idées.

I.

Une force étant appliquée en un point d'un corps ou système quelconque solide, si l'on prend un autre point quelconque dans ce corps ou au dehors, pourvu qu'on l'y suppose invariablement attaché, et qu'on applique à ce nouveau point deux forces contraires égales et parallèles à la première, il est clair que l'état du corps ne sera pas changé. Mais l'on pourra considérer actuellement, au lieu de la simple force proposée, 1° une force parfaitement égale, parallèle et de même sens, appliquée au nouveau

Usage des couples dans la statique.

point; 2° un couple formé par les deux forces parallèles restantes. Si, pour plus de clarté, on transporte ce couple ailleurs, dans un plan quelconque parallèle au sien, ce qui est permis, il ne restera au point dont il s'agit qu'une force parfaitement égale et parallèle à la force primitive, et qui ne serait en quelque sorte que cette même force qu'on y aurait transportée parallèlement à elle-même.

On peut donc dire qu'une force peut être transportée parallèlement à elle-même en un point quelconque, pourvu que l'on considère le couple qu'elle engendre dans cette translation, et qui a pour mesure le produit de la force par le chemin qu'elle a parcouru.

Cela posé, tant de forces que l'on voudra étant appliquées d'une manière quelconque à un corps, si on les transporte toutes parallèlement à elles-mêmes en un même point quelconque, elles viendront s'y composer en une seule que je nommerai la *résultante*, et tous les couples qu'elles ont produits dans leur translation se composeront en un seul, que je nommerai le *couple résultant*.

<small>Composition générale des forces.</small>

Ainsi, *des forces dirigées d'une manière quelconque dans l'espace, peuvent toujours se réduire à une seule, et à un couple unique, lesquels sont, en général, situés dans des plans différents.* Sur quoi l'on peut observer que la direction, la quantité et le sens de la résultante seront toujours les mêmes, en quelque lieu qu'on ait pris l'*origine*, c'est-à-dire, le point où l'on a transporté toutes les forces. En variant la position de ce point, la résultante ne fera que se transporter parallèlement à elle-même en divers lieux de l'espace, mais le plan et la valeur du couple changeront nécessairement.

Mais quelle que soit la position de l'origine, un couple ne pouvant jamais être tenu en équilibre par aucune simple force dirigée comme on voudra dans l'espace, il résulte de ce que nous venons de dire, qu'il ne pourra jamais y avoir équilibre entre les forces, à moins que la résultante et le couple résultant ne soient tous les deux nuls à la fois.

Ainsi toutes les forces appliquées au corps, étant transportées parallèlement à elles-mêmes en un point quelconque, doivent s'y faire équilibre entre elles; et tous les couples qu'elles produisent en se transportant en ce point, doivent aussi se faire équilibre entre eux.

<small>Lois de l'équilibre.</small>

Telles sont les propriétés générales de l'équilibre, c'est-à-dire, les conditions qui existent nécessairement dans l'équilibre de tout système libre. Elles fournissent les six équations connues; la résultante devant être égalée à zéro suivant trois axes quelconques dans l'espace, et le couple résultant, suivant trois plans différents qu'on peut supposer conduits par ces axes.

Ces trois dernières équations suffisent, lorsqu'il y a un point fixe dans le système, en supposant qu'on ait pris ce point pour l'origine : car la résultante se trouvant détruite par sa résistance, peut avoir telle valeur qu'on voudra, et il suffit que le couple résultant soit nul. On voit bien nettement par-là que la pression exercée sur le point fixe est identiquement la même que si toutes les forces du système y étaient transportées parallèlement à leurs directions; car elles y sont actuellement transportées, et pour les couples qu'elles ont produits, comme ils doivent être en équilibre d'eux-mêmes, c'est-à-dire, quand bien même le corps ne serait pas soutenu, il est évident qu'ils ne peuvent nullement charger le point fixe.

<small>A quoi elles se réduisent, quand il y a un point fixe dans le système.</small>

Lorsque des forces sont en équilibre autour d'un système quelconque invariable de forme, on sait qu'elles

<small>Propriété nouvelle de l'équilibre d'un corps solide.</small>

peuvent toutes varier proportionnellement à leurs grandeurs sans cesser de se faire équilibre. Mais on voit ici qu'elles peuvent encore s'approcher ou s'éloigner toutes d'un même point quelconque proportionnellement à leurs distances à ce point, sans que cet équilibre soit troublé : car si chaque force se meut ainsi parallèlement à elle-même dans le plan formé par sa direction, et le point dont il s'agit, elle augmente ou diminue le couple qu'elle donne à son égard dans le même rapport que sa distance à ce point; et par conséquent tous les couples du système conservent leurs positions, et demeurent proportionnels.

Condition nécessaire pour qu'un système quelconque de forces ait une résultante unique.

Les forces appliquées au système étant ramenées, comme nous venons de le voir, à une seule force et à un seul couple; si la force se trouve parallèle au plan du couple, on pourra amener ce couple dans un même plan avec elle, et les réduire tous deux à une force unique : et réciproquement, comme il est visible qu'une force et un couple ne peuvent se réduire à une force unique sans être dans le même plan ou dans des plans parallèles, ce qui est ici la même chose, il s'ensuit que *des forces dirigées d'une manière quelconque dans l'espace, ne peuvent jamais se réduire à une seule, à moins que la résultante de toutes ces forces transportées parallèlement à elles-mêmes en un point quelconque, n'ait une direction parallèle au plan du couple résultant.*

C'est par-là qu'on peut voir comment trois forces dirigées dans des plans différents, peuvent se composer en une seule, sans qu'il y ait aucune rencontre entre leurs directions; et comment une force peut se décomposer suivant trois directions qui ne rencontrent pas la sienne, et qui ne se rencontrent pas entre elles.

Pour soumettre les propositions précédentes au calcul, concevons à l'origine où l'on transporte toutes les forces, trois axes quelconques, que nous prendrons rectangulaires entre eux, pour plus de simplicité dans les expressions.

Expression analytique des propriétés précédentes.

Soit R la résultante générale; X, Y, Z ses trois composantes suivant les axes des x, y, z; soient α, β, γ les trois angles respectifs que sa direction forme avec eux.

On aura par le parallélépipède des forces,

$$R^2 = X^2 + Y^2 + Z^2,$$

et $\cos. \alpha = \dfrac{X}{R}$; $\cos. \beta = \dfrac{Y}{R}$; $\cos. \gamma = \dfrac{Z}{R}$.

Or X, Y, Z sont respectivement égales aux sommes des forces décomposées parallèlement aux trois axes des x, y, z : on trouvera donc facilement par ces équations la valeur et la direction de la résultante générale. La première condition de l'équilibre, qui veut que cette résultante soit nulle, donnera ce qu'on nomme les trois équations de l'équilibre de *translation*, qui reviennent à ce que la somme des forces estimées suivant trois axes quelconques, soit nulle d'elle-même par rapport à chacun de ces axes.

Soit G le moment du couple résultant; L, M, N les moments respectifs des trois couples dans lesquels il se décompose perpendiculairement aux trois axes des x, y, z; soient λ, μ, ν les trois angles que forme avec ces axes une perpendiculaire au plan de ce couple, et que nous nommerons l'*axe* du couple.

On aura par le parallélépipède des couples,

$$G^2 = L^2 + M^2 + N^2,$$

$$\text{et cos. } \lambda = \frac{L}{G}, \text{ cos. } \mu = \frac{M}{G}, \text{ cos. } \nu = \frac{N}{G}$$

Or, on voit (n°⁵ 100 et 101 *de la Stat.*) que les couples L, M, N sont respectivement égaux aux sommes des moments pris dans l'acception ordinaire par rapport aux trois axes x, y, z, c'est-à-dire, aux sommes des produits qui résultent des forces projetées sur chacun des plans coordonnés, multipliées par leurs distances à l'axe qui lui est perpendiculaire : on trouvera donc facilement par les équations ci-dessus la valeur et la position du couple résultant.

La seconde condition générale de l'équilibre, qui veut que ce couple soit nul, donnera ce qu'on appelle les équations de l'équilibre de *rotation*, qui consistent en ce que la somme des moments de toutes les forces, par rapport aux trois axes coordonnés, soit nulle d'elle-même relativement à chacun de ces axes.

<small>Que ees sortes de produits qu'on appelle *moments*, mesuraient toujours des forces secrètes que les couples ont mises en évidence.</small>

On voit ici par l'identité des couples avec les moments tels qu'on les considère ordinairement en statique, quel rôle jouent ces sortes de produits dans la composition générale des forces et dans les lois de leur équilibre. A la vérité, dans l'équilibre d'un corps assujetti à tourner autour d'un axe fixe, les lois connues du levier nous montraient bien ces produits comme les efforts des puissances pour faire tourner le corps autour de cet axe; puisque l'on trouvait que la somme des moments des forces qui tendent à faire tourner dans un sens doit être égale à la somme des moments de celles qui tendent à faire tourner dans le sens contraire. Mais lorsqu'il n'y avait aucun point d'appui, et que le système était parfaitement libre dans l'espace, les moments ne restaient plus dans les conditions de l'équilibre que comme de simples expressions de calcul, et perdaient cette espèce de signification que leur donne la présence d'un axe fixe, et qui les avait fait nommer *moments* par les anciens géomètres. Or, par la théorie des couples, ils reparaissent dans l'équilibre des corps libres, comme dans l'équilibre des corps gênés par des obstacles. Estimés par rapport à un point quelconque du corps, ils mesurent certains efforts particuliers que l'on peut concevoir comme engendrés par les puissances qui se transportent parallèlement à elles-mêmes en ce point, et qui, tandis que ces puissances s'y composent et s'y font équilibre à leur manière, doivent aussi se composer et se faire équilibre à la leur. Ce n'est pas qu'au fond les idées de moments et de couples ne soient parfaitement les mêmes. L'analyse n'a pour objet que de simples rapports; et les diverses grandeurs, sous ses formules, ne conservent plus aucune trace des premières idées qu'on y avoit jointes. Mais en géométrie, comme en algèbre, la plupart des idées différentes ne sont que des transformations; les plus lumineuses et les plus fécondes sont pour nous celles qui font le mieux image, et que l'esprit combine avec le plus de facilité dans le discours et dans le calcul : or, les couples ont éminemment cet avantage sur les moments; et si l'on considère que la théorie des moments se présente d'elle-même dans la réduction générale des forces et dans les conditions de leur équilibre, que, d'un autre côté, dans la dynamique, la composition des mouvements de rotation est aussi nécessaire que celle des mouvements de translation, pour l'analyse complète du mouvement d'un corps de grandeur sensible, on verra que la composition des couples exposée ci-dessus, tant par la symétrie des théorèmes que par la simplicité des démonstrations, vient se ranger naturellement à côté de la composition des forces, et forme ainsi la seconde partie essentielle des Éléments.

<small>Équation de condition pour que le système des forces ait une résultante unique.</small>

Nous avons vu tout-à-l'heure que si des forces quelconques sont réductibles à une seule, la résultante générale sera parallèle au plan du couple résultant. Pour exprimer cette condition dans le calcul, il n'y a donc qu'à exprimer que l'axe du couple est perpendiculaire à la direction de la résultante, ou que le cosinus de leur inclinaison mutuelle est nul. Mais d'après les dénominations précédentes, le cosinus de cet angle est

$$\cos.\alpha.\cos.\lambda + \cos.\beta.\cos.\mu + \cos.\gamma.\cos.\nu,$$

expression qui étant égalée à zéro, après y avoir substitué à la place des cosinus leurs valeurs, donne sur-le-champ

$$XL + YM + ZN = 0,$$

qui établit la relation cherchée entre les forces et leurs moments estimés par rapport aux trois axes.

<small>Équations de condition pour qu'il y ait une résultante unique qui passe en un point donné.</small>

Mais si l'on vouloit exprimer que les forces sont réductibles à une seule qui passe en un point donné, en supposant qu'on ait pris ce point pour l'origine, il faudrait exprimer que le couple résultant est nul; ce qui exige les trois équations $L = 0$, $M = 0$, $N = 0$, qui nous font voir que la somme des moments doit être nulle par rapport à trois axes qui se croisent au point donné.

II.

Des couples ou moments rapportés à différents axes.

Le couple résultant G décomposé perpendiculairement à un axe qui forme avec le sien un angle θ, étant égal à G cos. θ; si l'on nomme λ', μ', ν', les trois angles que cet axe forme avec ceux des coordonnées, comme on a par la géométrie,

$$\text{Cos. } \theta = \cos. \lambda . \cos. \lambda' + \cos. \mu . \cos. \mu' + \cos. \nu \cos. \nu',$$

on trouvera

$$G \cos. \theta = L \cos. \lambda' + M \cos. \mu' + N \cos. \nu',$$

formule très-simple et très-importante dans la mécanique, et qui nous apprend *que si l'on connaît les sommes L, M, N des moments par rapport à trois axes rectangulaires, on trouvera sur-le-champ la somme des moments par rapport à un axe quelconque, en multipliant ces trois sommes respectives par les cosinus des angles que les trois axes font avec le nouvel axe donné.*

C'est ainsi qu'en géométrie, pour projeter une ligne sur un axe quelconque, on peut d'abord projeter cette ligne sur trois axes rectangulaires, projeter ensuite ces trois projections sur l'axe donné, et ajouter ensemble ces projections de projections.

Du moment maximum par rapport aux axes qui se croisent en un même point.

Puisque la somme des moments, par rapport à un axe qui fait avec celui du couple résultant un angle θ, est G cos. θ, il s'ensuit :

1° *Que de tous les axes qui passent par l'origine, l'axe du couple résultant est celui par rapport auquel la somme des moments est la plus grande;*

2° *Que la somme des moments est la même par rapport à tous les axes qui font un même angle avec celui du plus grand moment, ou qui forment une surface conique décrite autour de lui sous cet angle ;*

3° *Que la somme des moments est nulle par rapport à tous ceux qui font cet angle droit, ou qui forment un plan perpendiculaire à sa direction.*

L'axe et la valeur du moment *maximum* se trouvent, comme l'axe et la valeur du couple résultant, par les équations données plus haut, et qui nous montrent *que le carré du moment maximum est égal à la somme des carrés des moments par rapport à trois axes rectangulaires ; et que son axe est la diagonale du parallélépipède construit sur les trois lignes qui représenteraient sur ces axes les grandeurs respectives des trois moments précédents.*

Ce sont les beaux théorèmes auxquels l'auteur de la *Mécanique céleste* était déjà parvenu, et ce sont les premières conséquences que nous offre la théorie des couples.

Du moment minimum entre l'infinité des moments maxima par rapport à tous les points de l'espace. Problème nouveau.

Mais observons que tout ce que nous venons de dire est relatif à l'origine que l'on a choisie pour y transporter toutes les forces. En prenant cette origine ailleurs, la quantité, le sens de la résultante générale, ne changent pas, et sa direction demeure toujours parallèle à elle-même ; mais le moment du couple résultant ou le moment *maximum*, varie de grandeur, et son axe s'incline sur sa première position. Pour chacun des points de l'espace, considérés successivement comme origines, il y a donc un axe autour duquel la somme des moments est un *maximum* relativement à tous les axes qui se croisent au même point. On pourrait donc demander en quel lieu il faudrait prendre l'origine ou le centre des moments, pour que le moment *maximum* y fût plus petit que partout ailleurs, et par conséquent fût le *minimum* des moments *maxima* relativement à tous les points de l'espace.

Pour trouver facilement la position de ce point, regardons toutes les forces comme réduites à une seule et à un couple par rapport à un point quelconque connu; et suivons les variations qu'éprouve ce couple par le déplacement de l'origine.

D'abord il est visible qu'en déplaçant l'origine dans la direction même de la résultante générale, le couple résultant ne change pas; car le couple que fournit la résultante en se transportant en un autre point de sa propre direction, est nul de lui-même, et le couple primitif n'est pas altéré. Nous voyons donc que *les moments* maxima *sont constants pour toutes les origines prises le long d'une même droite parallèle à la direction de la résultante générale, et que leurs axes sont parallèles entre eux.* Ainsi, tout ce que nous avons dit plus haut des moments par rapport aux axes qui se croisent en un même point, subsiste de la même manière et avec les mêmes valeurs, pour tous les points de la résultante qui y passe.

Supposons donc que l'origine s'écarte de cette direction, et soit tellement placée dans l'espace, que le couple résultant soit perpendiculaire à la direction de la résultante, je dis qu'alors ce couple est dans la position du *minimum;* car si l'on déplace actuellement l'origine d'une manière quelconque, il ne pourra qu'augmenter. En effet, la résultante, en changeant de position, produira un couple perpendiculaire sur le premier; et puisque ces deux couples sont rectangulaires, ils donneront par leur composition le nouveau couple résultant plus grand que l'un ou l'autre d'entre eux : donc le premier couple résultant aura augmenté; donc il se trouvait dans la position du *minimum*, lorsqu'il était perpendiculaire à la direction de la résultante générale, ou lorsque son axe coïncidait avec elle.

<small>Comment on détermine l'axe du moment *minimum* des moments *maxima*.</small>

Soit donc G une ligne qui représente à la fois l'axe et la valeur du couple résultant par rapport à un point connu; R une autre ligne qui représente la valeur et la direction de la résultante en ce point; φ l'angle que forment ces deux droites.

Pour avoir l'origine du couple résultant *minimum*, il faudra transporter la résultante R parallèlement à elle-même, de telle sorte et d'une telle quantité p que le couple Rp qu'elle produira étant composé avec le couple primitif G, forme un couple résultant dont l'axe soit R.

L'axe du couple Rp doit donc être dans le plan des deux lignes R et G qui font un angle φ; d'ailleurs il est nécessairement perpendiculaire à la direction R; donc on aura, par le parallélogramme des couples,

$$R p = G \sin. \varphi.$$

et pour la valeur K du couple *minimum*,

$$K = G \cos. \varphi$$

Ainsi en élevant au sommet de l'angle φ, et sur le plan de cet angle une perpendiculaire $p = \dfrac{G \sin. \varphi}{R}$, et menant par l'extrémité de cette perpendiculaire une parallèle à la direction de la résultante générale, on aura l'axe du *minimum maximorum* des moments; et l'origine pourra être prise par-tout où l'on voudra sur cet axe.

Cet axe remarquable où la somme des moments est à la fois un *maximum* relativement aux axes qui se croisent au même point que lui, et un *minimum* relativement à ceux qui donnent les moments *maxima* aux divers points de l'espace, pourrait se nommer l'axe *central* des moments; et cette dénomination, déjà motivée en ce qu'il jouit d'une propriété exclusive par rapport à tous les autres, se trouve pleinement justifiée, si l'on observe qu'aux mêmes distances autour de lui, les moments *maxima* sont les mêmes, et que leurs axes ont à son égard des positions semblables.

De l'axe central des moments.

En effet, le même raisonnement qui nous a fait passer tout à l'heure du couple résultant G au couple *minimum* K, nous ramène dans l'ordre inverse de celui-ci au premier, et par les mêmes équations,

$$R p = G \sin. \varphi, \text{ et } K = G \cos. \varphi.$$

Mais ici, de quelque côté qu'on transporte la résultante R, pourvu que ce soit à une même distance p de sa position actuelle ou de l'axe *central*, on trouvera toujours un couple résultant G de même valeur, et une même inclinaison φ entre son axe et la résultante; et de plus, le plan de ces deux droites sera toujours perpendiculaire à la ligne p: puisque si tout cela n'avait pas lieu comme ci-dessus, en ramenant la résultante dans l'axe central, on ne retrouverait plus le même couple *minimum* K, ce qui ne peut pas être.

Les moments maxima *sont donc constants non seule-*

ment pour toutes les origines prises le long d'une parallèle à la résultante, comme nous l'avions déjà remarqué, mais encore pour toutes les origines prises sur le cylindre que décrirait cette droite autour de l'axe central qui lui est parallèle.

Pour les axes de ces moments, tant que l'origine ne sort pas d'une même génératrice de ce cylindre, ils demeurent parallèles entre eux, et forment un plan; mais si l'origine passe d'une génératrice à l'autre par la circonférence d'un cercle, ils forment une hyperboloïde de révolution autour de l'axe central.

Les moments *maxima* G ne varient donc qu'avec les distances p de leurs origines à l'axe central, et les deux équations précédentes nous donnent :

$$G^2 = R^2 p^2 + K^2,$$

équation qui nous fait voir que ces moments croissent pour les origines prises à différentes distances de l'axe central, comme les ordonnées d'une hyperbole dont ces distances seraient les abscisses ; ainsi leurs valeurs augmentent sans bornes, et il n'y a pas de moment *maximum maximorum* ; ce qui était d'ailleurs assez évident de soi-même.

On a de plus, tang. $\varphi = \dfrac{Rp}{K}$, ce qui donne les inclinaisons des axes des moments *maxima* sur l'axe central, et nous montre que leurs tangentes varient dans le rapport des distances de leurs origines à cet axe.

Remarquons que dans le cas où la résultante générale est nulle, on a par la première équation $G = K$, quelle que soit la valeur de p.

Lors donc que les forces appliquées sont telles, qu'étant transportées en un même point, elles se font équilibre entre elles, les moments *maxima* sont les mêmes pour tous les lieux de l'espace, et leurs axes sont tous parallèles.

Si les forces appliquées ont une résultante unique; comme on a pour cette condition cos. $\varphi = 0$, l'équation $K = G$ cos. φ donne $K = 0$; c'est-à-dire, que le moment *minimum maximorum* est nul, comme il est clair que cela doit être, puisque l'origine tombe alors sur la direction même de la seule force à laquelle se réduisent toutes celles du système.

Telle est donc la théorie générale exposée ci-dessus, que tous les axes de l'espace auxquels on peut rapporter les moments d'un système quelconque de forces, peuvent être distingués et classés entre eux de la manière suivante : Classification de tous les axes de l'espace auxquels on voudrait rapporter les moments d'un système de forces.

D'abord, si, pour simplifier les choses, nous ne considérons que les axes qui se croiseraient aux divers points d'un même plan perpendiculaire à la direction de la résultante, nous observons :

1° Que, parmi tous les axes qui se croisent en un même point, il y en a un seul distingué de tous les autres, en ce que la somme des moments y est un *maximum*.

Les autres se classent autour de lui en diverses surfaces coniques circulaires dont il serait l'axe commun. Pour tous ceux qui forment la même surface, les moments sont égaux, et ils varient d'un cône à l'autre en raison des cosinus des angles sous lesquels ces cônes sont décrits.

2° Parmi tous les axes qui donnent les moments *maxima* relativement aux divers points du plan, il y en a un seul distingué de tous les autres, en ce qu'il donne le plus petit de ces *maxima*, ou le *minimum maximorum* des moments.

Les autres axes des *maxima* se classent autour de lui en diverses hyperboloïdes de révolution dont il serait l'axe commun. Pour tous ceux qui forment une même hyperboloïde, les moments *maxima* ont la même valeur, et ils varient d'une hyperboloïde à l'autre suivant les lois que nous avons données ci-dessus.

Actuellement, tout ce que nous venons de dire relativement aux diverses origines prises dans un même plan perpendiculaire à la résultante, subsiste de la même manière et avec les mêmes valeurs pour tous les lieux qu'occuperaient successivement tous ces points, en transportant le plan parallèlement à lui-même. Les moments *maxima* restent les mêmes autour des mêmes axes qui deviennent parallèles; et comme il n'y a parmi eux que l'axe du moment *minimum maximorum* qui soit perpendiculaire au plan mobile, on voit qu'il est le seul qui n'ait absolument qu'une même position dans l'espace; que, de plus, tous les axes qui ont à son égard des positions semblables, donnent les mêmes moments, et c'est ce qui nous a fait nommer cet axe unique, l'*axe central* des moments.

Au reste, les résultats précédents, tirés des raisonnements les plus simples, pourraient aussi se déduire du calcul par la méthode ordinaire *de maximis* et *minimis*; et l'on trouve aisément, pour l'axe du moment *minimum maximorum*, les équations suivantes :

$$(N + Yx - Xy)Y - (M + Xz - Zx)Z = 0,$$
$$(L + Zy - Yz)Z - (N + Yx - Xy)X = 0,$$
$$(M + Xz - Zx)X - (L + Zy - Yz)Y = 0;$$

x, y, z sont les coordonnées de cette ligne par rapport à trois axes autour desquels les sommes respectives des moments sont L, M, N; tandis que X, Y, Z sont les sommes des forces décomposées parallèlement aux mêmes axes.

L'une quelconque de ces équations est une suite nécessaire des deux autres ; et par conséquent elles ne représentent qu'une seule et même ligne droite, laquelle est manifestement parallèle à la direction de la résultante générale des forces.

On trouve encore, pour le lieu de tous les points relativement auxquels les moments *maxima* sont égaux et représentés par H, l'équation suivante :

$$(L - Yz + Zy)^2 + (M - Zx + Xz)^2 + (N - Xy + Yx)^2 = H^2$$

qui appartient à une surface cylindrique à base circulaire décrite autour de la première droite ; ce qui est conforme à ce que nous avons vu précedemment.

Mais nous ne nous arrêterons pas à ces détails, et nous passerons sur-le-champ aux applications de la théorie des moments à la dynamique.

III.

Soient tant de corps libres qu'on voudra qui se meuvent, sans aucune dépendance mutuelle, avec des vitesses uniformes suivant des droites quelconques, dans l'espace.

Application de la théorie précédente à la dynamique.

Puisque chaque corps se meut uniformément en ligne droite, la force qui l'anime demeure constante et de même direction.

Donc la résultante générale de toutes les forces qui animent les corps du système, et leur moment résultant par rapport à un point fixe quelconque, demeurent constamment les mêmes dans tout le cours du mouvement.

Conservation des forces : et conservation des moments.

Actuellement, si l'on suppose que tous ces corps qui étaient libres viennent tout à coup à se lier ensemble d'une manière quelconque, et à réagir encore les uns sur les autres en vertu de nouvelles forces quelconques, mais réciproques, c'est-à-dire, telles qu'entre deux corps l'action soit toujours parfaitement égale et contraire à la réaction, ce qui comprend toutes les forces de la nature, les mouvements individuels des différents corps seront changés, et les forces qui les animent varieront de grandeurs et de directions, et continueront de varier à chaque instant du mouvement. Mais ce qui est bien remarquable et forme un des plus beaux principes de la dynamique, c'est que la résultante générale de toutes ces forces, et leur moment résultant par rapport au point fixe, demeureront toujours les mêmes qu'auparavant; et seraient encore conservés, si tous les corps redevenaient libres, et que chacun d'eux s'échappât en ligne droite avec la vitesse qu'il a actuellement.

Démonstration très-simple de ces deux lois générales.

Ce principe, qui se déduit des équations différentielles du mouvement, peut aussi se démontrer par un raisonnement si simple, que je ne crois pas devoir l'omettre ici.

Il est clair, en effet, que si chaque corps, à cause de sa liaison avec les autres, ne peut plus obéir pleinement à l'impulsion qu'il a reçue, sa force se décompose en deux autres, l'une qui est détruite, et l'autre qui subsiste actuellement. Tout se passe comme à la rencontre d'un obstacle invincible; excepté que la composante, qui serait anéantie par l'obstacle, va se reporter sur les autres corps qui la détruisent par leur action. La force de chaque corps étant ainsi remplacée par deux semblables composantes, la résultante de toutes ces nouvelles forces et leur moment résultant, sont toujours les mêmes qu'avant cette substitution. Mais les composantes, qui se font équilibre entre elles, donnent leur résultante et leur moment résultant nuls, comme nous l'avons vu dans les lois générales de l'équilibre : donc la première résultante et le premier moment résultant sont conservés, et n'ont souffert aucune altération par l'action mutuelle des différents corps du système. Quant aux autres forces qui pourraient exister entre ces corps, comme elles sont réciproques, c'est-à-dire, deux à deux égales et contraires, elles ne changent rien non plus aux valeurs précédentes ; car leur résultante et leur moment sont évidemment nuls d'eux-mêmes.

On voit donc que, dans un système de corps qui ont reçu des impulsions primitives et qui réagissent d'une manière quelconque les uns sur les autres, la somme de toutes les forces qui les animent, estimées suivant une même droite, et la somme de leurs moments par rapport à un même axe fixe quelconque, demeurent constamment les mêmes, malgré les variations qu'éprouvent les mouvements individuels des corps ; et soit que ces mouvements changent par des nuances insensibles, soit qu'il survienne entre eux des changements brusques par l'action réciproque des corps, ou par toute autre liaison nouvelle qu'on voudrait établir sur-le-champ entre ces corps.

Ces deux propriétés générales du mouvement correspondent, suivant la remarque de M. Laplace, aux deux propriétés générales de l'équilibre ; les mêmes sommes qui doivent être nulles dans l'état d'équilibre, demeurent constantes dans l'état de mouvement ; et la conservation des forces et des moments présentée de cette manière, subsiste également pour toutes les lois possibles entre la force et la vitesse du corps en mouvement.

<small>A quoi répondent les lois précédentes dans la nature.</small>

Dans la nature, la force d'un corps en mouvement se mesure par le produit de la masse et de la vitesse ; et le premier principe répond à la conservation du mouvement du centre de gravité, qui consiste en ce que ce centre se meut toujours uniformément en ligne droite, et de la même manière que si tous les corps du système y étaient réunis, et que les forces qui les animent s'y fussent transportées parallèlement à elles-mêmes.

En second lieu, si l'on prend un point fixe quelconque, et que de ce point fixe ou *foyer*, on mène à tous les corps du système des rayons vecteurs, en projetant toutes ces droites sur un plan quelconque, on verra facilement que le moment de chaque force par rapport à un axe perpendiculaire au plan de projection, et passant par le foyer, est proportionnel au produit de la masse du corps par l'aire que trace sur ce plan la projection de son rayon vecteur.

Ainsi, dans la loi de la nature, la conservation des moments revient à la conservation des aires, qui consiste en ce que la somme des produits des corps par les aires respectives que tracent les projections de leurs rayons vecteurs sur un plan fixe quelconque mené par le foyer, est proportionnelle au temps, c'est-à-dire, est toujours la même, en temps égal, pendant tout le mouvement du système.

Si toutes les masses du système étaient égales entre elles, on n'aurait pas besoin de considérer leurs produits respectifs par les aires précédentes, mais simplement ces aires elles-mêmes, et le théorème reviendrait à ce que la somme des aires décrites par les rayons vecteurs autour du foyer est toujours égale en temps donné. C'est ainsi qu'on peut toujours énoncer le principe des aires, mais en supposant que les masses du système soient divisées en parties égales, et qu'on ait tiré du foyer, des rayons vecteurs à toutes ces parties.

Cela posé, puisque les aires tracées par les rayons vecteurs ne sont autre chose que les moments des forces, il s'ensuit qu'on peut appliquer à la composition des aires tout ce que nous avons dit de la composition des moments.

Les aires.

Et d'abord on voit que, parmi tous les plans menés par le même foyer, et qui reçoivent de la part des rayons vecteurs des aires différentes, il y en a un seul qui reçoit la plus grande; et si l'on nomme L, M, N les sommes respectives des aires tracées sur trois plans rectangulaires quelconques, menés par le foyer, on aura pour la valeur G de l'aire qui est un *maximum*,

Plan du maximum des aires.

$$G^2 = L^2 + M^2 + N^2.$$

Et à l'égard du plan qui la reçoit, si l'on nomme λ, μ, ν les trois angles respectifs qu'il forme avec les trois premiers, on aura pour les cosinus de ces angles,

$$\cos.\lambda = \frac{L}{G},\ \cos.\mu = \frac{M}{G},\ \cos.\nu = \frac{N}{G},$$

ce qui détermine sur-le-champ la position de ce plan remarquable.

Lorsqu'on connaît l'aire *maximum* G, et le plan sur lequel elle tombe, on trouve facilement les aires que reçoivent les divers plans menés par le foyer. θ étant l'angle que forme un plan quelconque avec celui du *maximum* des aires, on a pour l'aire décrite sur ce nouveau plan,

G cos. θ ; d'où l'on voit que les aires sont égales sur tous les plans qui font le même angle avec celui du *maximum*, ou qui touchent un cône décrit sous le complément de cet angle autour de l'axe perpendiculaire à ce dernier plan ; que de plus elles sont nulles quand l'angle θ est droit, c'est-à-dire, sur tous les plans perpendiculaires à celui du *maximum*.

<small>Plan du *minimum* des aires *maxima*.</small>

Actuellement, parmi tous les plans que donnent les aires *maxima*, relativement aux divers points de l'espace considérés comme foyers, il y en a un seul qui donne le *minimum* de ces *maxima*, ou l'aire *minimum maximorum*.

Ce plan est perpendiculaire à la direction de la résultante générale, ou du mouvement commun qui emporte le système. Son axe, c'est-à-dire, la perpendiculaire qui y serait élevée au foyer, se trouvera absolument de la même manière que l'axe central des moments, et le foyer pourra être pris par-tout où l'on voudra sur cette ligne. Pour tous les foyers qui en seraient aux mêmes distances dans un plan perpendiculaire, les aires *maxima* auront les mêmes valeurs, et leurs plans seront perpendiculaires aux diverses génératrices d'une hyperboloïde de révolution décrite autour de cet axe central. D'ailleurs, ces aires *maxima* et les inclinaisons de leurs plans varieront en vertu des distances précédentes, d'après les mêmes lois que nous avons données plus haut ; et l'on trouvera sur les aires tous les théorèmes analogues à ceux qui ont été rapportés sur les moments.

<small>Usage de ces plans, de ceux qu'il faut choisir pour y rapporter les corps du système.</small>

Cette constance des aires décrites sur des plans qui restent immobiles au foyer, nous donne d'abord l'idée de les observer sur les plans auxquels nous rapportons les différents corps, afin qu'à toutes les époques du mouvement, nous puissions retrouver la position de ces plans, et reconnaître les changements survenus dans le système. Mais, d'après ce que nous venons de dire, on voit qu'il y a un choix à faire entre ces plans coordonnés. Car si un plan qui reste immobile au foyer reçoit constamment la même aire de la part des rayons vecteurs, un plan qui recevrait constamment une même aire donnée, ne serait pas pour cela immobile, et pourrait se mouvoir d'une manière quelconque tangentiellement à un certain cône décrit autour du foyer. Donc si l'on avait rapporté primitivement tous les corps du système à un certain plan, et qu'on ne sût rien autre chose de ce plan, sinon qu'il recevait une aire donnée, on ne pourrait plus reconnaître actuellement sa position dans l'espace, parce qu'il a pu changer, ou, plus exactement, parce qu'il y en a une infinité d'autres qui jouissent de la même propriété que lui.

Mais si l'on savait que le plan cherché était, entre tous ceux qui passent au même foyer, celui qui recevait l'aire la plus grande, on le retrouverait sur-le-champ, parce qu'il est unique, et jouit d'une propriété exclusive par rapport à tous les autres.

C'est donc ce plan qu'il faut choisir de préférence *à tous ceux qui passent en un même point*, pour y rapporter les différents corps du système ; et sans connaître la grandeur de l'aire qui y est décrite, on pourra retrouver sa position dans tous les temps, pourvu qu'on connaisse le point fixe d'où partaient les rayons vecteurs, ou du moins quelque autre point fixe qui soit, avec le premier, dans la direction du mouvement général ; car nous avons vu que, pour ce nouveau foyer, le plan de l'aire *maximum* serait parallèle au premier.

Si l'on ne connaissait point la position de ce foyer, quand bien même on saurait que l'aire *maximum* décrite sur le plan cherché avait une valeur donnée, on ne pourrait pas encore distinguer ce plan d'une infinité d'autres perpendiculaires aux génératrices d'une certaine hyperboloïde de révolution, parce que chacun de ces plans jouirait de la même propriété de recevoir une aire égale, et *maximum* entre celles des plans qui se croiseraient avec lui au même point.

Mais si l'on ajoutait que l'aire *maximum* dont il s'agit était le *minimum* des aires *maxima* relatives aux divers foyers de l'espace, on retrouverait sur-le-champ la position du plan cherché, parce qu'il jouit non seulement d'une propriété exclusive par rapport à ceux qui passeraient au même foyer, mais encore d'une autre propriété exclusive par rapport à tous ceux qui auraient la première commune avec lui.

C'est donc ce nouveau plan qu'il faut choisir de préférence à tous ceux de l'espace ; et l'on en pourra retrouver la position à toutes les époques, sans connaître ni la grandeur de l'aire qui y est décrite, ni le point qu'on a pris pour centre des rayons vecteurs. Mais, pour le déterminer, il faudra toujours avoir quelque point fixe d'où l'on puisse partir actuellement, et connaître en outre la grandeur et la direction de la résultante générale qui emporte le système dans l'espace.

<small>Dans le cas des aires relatives, que l'aire *minimum maximorum* est la même que l'aire *maximum* autour d'un foyer quelconque.</small>

Lorsqu'on ne connaît aucun point fixe auquel on puisse rapporter les rayons vecteurs, et qu'on partage les mouvements des corps eux-mêmes que l'on considère, on ne peut plus observer que des aires décrites autour de foyers mobiles dans la direction du mouvement général. Or ces aires sont alors les mêmes que si le mouvement général était nul, ou que le centre de gravité du système fût en repos.

On a pu voir, en effet, par l'équation $G^2 = K^2 + R^2 p^2$, qu'un moment *maximum* G relatif à une certaine origine, se compose du moment *minimum maximorum* K et du moment Rp de la résultante générale par la distance de l'axe central à cette origine ; de même l'aire *maximum*, par rapport à un foyer fixe, est la résultante de l'aire *minimum maximorum* et de l'aire qui serait décrite par le rayon vecteur de la masse entière du système, considérée comme réunie dans l'axe central, et animée, suivant cet axe, de la vitesse commune. Si donc le foyer que l'on considère, au lieu d'être fixe dans l'espace, se meut avec la vitesse commune parallèlement à l'axe central, cette partie des aires qui sont décrites en vertu du mouvement général, disparaît d'elle-même ; et les aires observées sont parfaitement les mêmes que si la résultante générale était nulle, ou que le centre de gravité du système fût en repos dans l'espace.

Mais quand la résultante générale est nulle, les aires *maxima* sont égales pour tous les foyers de l'espace, et leurs plans sont parallèles. Donc alors le foyer de l'aire *minimum maximorum* peut être pris par-tout où l'on voudra.

Ainsi, dans le système du monde, comme on ne connaît aucun point fixe auquel on puisse rapporter les différents corps célestes, et qu'on ignore d'ailleurs dans quel sens et avec quelle force ce système est entraîné dans l'espace, on ne peut déterminer ni le plan ni la valeur de l'aire *minimum maximorum*, et l'on peut choisir simplement le plan du *maximum* des aires, relativement à un point quelconque, qui se meuve en ligne droite avec la vitesse commune du système. On peut donc prendre

Application au système du monde.

le foyer au centre de gravité, qui jouit de cette propriété dans tout le cours du mouvement, et c'est ce qu'a fait l'auteur de la *Mécanique céleste*, qui, le premier, a découvert ce plan invariable, et a déterminé sa position dans notre système planétaire.

Au reste, on peut encore prendre le foyer au centre de l'un quelconque des corps considéré comme fixe à chaque instant; c'est-à-dire, comme actuellement privé de sa vitesse relative : ce point n'ayant plus alors que la vitesse commune, sera dans le même cas que le centre de gravité ; ainsi le plan de l'aire *maximum* relative à ce point sera parallèle au premier, et recevra la même aire.

Si donc pour considérer également tous les corps du système, on prend successivement les aires élémentaires décrites autour de chaque corps par tous les autres; en multipliant ces diverses sommes par les masses respectives des corps qui ont servi successivement de foyers, on trouvera, en les ajoutant, tous les produits des masses prises deux à deux, multipliées par les aires qu'elles tracent dans le même temps, l'une autour de l'autre considérée comme immobile.

Le plan dont nous avons parlé jouit donc encore de cette propriété remarquable, que la somme des produits précédents y est un *maximum*, aussi bien que sur tous ceux qui lui sont parallèles; et l'on voit que cette somme n'est autre chose que l'aire *maximum* relative au centre de gravité, multipliée par la masse entière du système. C'est ainsi que M. Laplace présente encore la théorie de ce plan *invariable*, en ramenant le principe des aires à des relations entre les distances mutuelles des différents corps du système.

Ce plan forme en quelque sorte l'immuable *équateur* du système du monde. Quels que soient les changements que la suite des siècles amène entre les corps célestes, il demeurera toujours parallèle à lui-même : et puisqu'on en peut retrouver la position dans tous les temps, comme on retrouve celle du centre de gravité : en y rapportant tous les corps du système, on aura toujours le moyen de comparer d'une manière précise les observations de l'astronomie, faites aux époques les plus éloignées.

Nous rappellerons encore ce corollaire remarquable de la théorie précédente, que, dans un système de molécules solides et fluides animées primitivement par des forces quelconques, et soumises à leur action mutuelle, s'il arrive qu'après un grand nombre d'oscillations, ces molécules se fixent à un état permanent de rotation autour d'un axe invariable passant par leur centre commun de gravité (et l'on peut conjecturer que ce cas est celui des corps célestes), alors leur équateur, ou le plan perpendiculaire à cet axe, sera parallèle à celui qui recevait, à l'origine du temps, le *maximum* des aires relativement au centre de gravité.

Mais nous n'étendrons pas plus loin ces dernières considérations, qui ont été approfondies et mises dans le plus grand jour par le géomètre que nous avons cité. Notre objet principal était de compléter la théorie des *moments* et des *aires*, et de faire passer dans les éléments les plus beaux théorèmes qu'on y eût trouvés jusqu'ici.

Nous finirons par observer, sur la loi des aires, que les plans ne sont pas les seules surfaces sur lesquelles elles se conservent sans altération pendant le mouvement du système. La même propriété appartient aussi à toute surface conique circulaire dont le sommet est placé au

Remarque nouvelle sur les aires.

foyer des rayons vecteurs; mais il faut projeter ces rayons sur le cône par des lignes parallèles à son axe.

Les aires décrites sur les surfaces de différents cônes de même axe et de même sommet, seront réciproquement proportionnelles aux sinus des angles sous lesquels ces cônes sont décrits; d'où l'on voit que le cône qui recevra l'aire la plus petite sera le cône décrit sous l'angle droit, autour de l'axe commun, c'est-à-dire, le plan perpendiculaire à cet axe.

Entre tous les cônes semblables de même sommet, mais d'axes différents, il y en aura un seul sur la surface duquel l'aire tracée par les rayons vecteurs sera un *maximum*.

Parmi tous ceux qui donneraient de même les aires *maxima* relativement aux divers foyers de l'espace, il y en aura un seul qui donnera le *minimum* de ces aires *maxima*.

Pour les axes de ces cônes remarquables, ils ne sont autre chose que les axes des moments ou des aires, qui jouissent de propriétés analogues, et ils se détermineront absolument de la même manière. Enfin l'on trouvera, en considérant les aires tracées sur des cônes quelconques semblables, tous les théorèmes que nous avons donnés par rapport aux aires qui sont tracées sur de simples plans.

FIN.

www.ingramcontent.com/pod-product-compliance
Lightning Source LLC
Chambersburg PA
CBHW071342150426
43191CB00007B/815